Yo quiero tener un millón de amigos.

El Capital Social en Facebook y Orkut.

Lucimeire Vergilio Leite
Lucrecia Barreiro

Yo quiero tener un millón de amigos.
El Capital Social en Facebook y Orkut.

Lulu Editions
2010

1ª edición, 2010

Barreiro, Lucrecia y Vergilio Leite, Lucimeire
    Yo quiero tener un millón de amigos. El Capital Social en Facebook y Orkut - 1ª ed. - Lulu Editions, 2010.
    ISBN 978-0-557-28433-7
    Sociología, Internet

Armado e ilustración de tapa: Fernando Timba
Revisión: José Gabriel Ferreras Rodriguez

Comentarios y sugerencias:
lucyleite@gmail.com

*"Bienaventurados los que están en la realidad
y no confunden sus fronteras."*
J.J.Saer

Agradecimientos

Agradecemos especialmente a todas las personas que nos concedieron su tiempo para nuestras entrevistas y a todos los que, en algún momento, nos hicieron llegar un artículo de la prensa, una noticia, un trabajo sobre las redes sociales, que fueron muchos. Aprovechamos para aclarar que los nombres de todos los participantes han sido cambiados para preservar su identidad.

Nuestro tutor de tesis, el Dr. Pablo Forni, ha sido clave para el desarrollo del tema y la motivación de hacer un trabajo de semejante envergadura, desde la distancia que separa Buenos Aires y São Paulo.

El apoyo y la comprensión de nuestras familias y parejas fueron igualmente importantes y a ellas dedicamos este trabajo.

Índice

Prefacio

Política cultural en las redes sociales virtuales

*Martin Cezar Feijó**

En un correo electrónico enviado al escritor chileno Antonio Skarmeta en 1999, el escritor y humorista brasileño Millôr Fernandes afirmó lo siguiente acerca de la relación entre innovaciones tecnológicas y cultura: "Siempre que surgen novedades tecnológicas, el nivel cultural desciende, hay repeticiones de cosas del pasado como si fueran invenciones extraordinarias, basura cultural como si fuera creación suprema de la inteligencia. Internet es la más nueva y más universal de esas paradojas. El noventa por ciento, basura."[1]

No obstante, las innovaciones tecnológicas en el campo de la comunicación - lo sabemos desde las reflexiones de Marshall McLuhan en los años 1960 - no pasan de ser extensiones del propio hombre. E Internet, con sus posibilidades cada vez más ampliadas y exploradas, desde antes del principio de siglo y milenio lleva esa expansión a niveles jamás imaginados. Eso fue posible, entre otras cosas, por la creación de las redes sociales virtuales, motivo del estudio de Lucimeire Vergilio Leite y Lucrecia Barreiro en este libro, acerca del capital social en Orkut y Facebook.

El estudio, de origen académico, tiene en su significativo título un verso romántico del más importante cantor de música popular en Brasil, Roberto Carlos: "Yo quiero tener un millón de amigos", pero que se preserva en el epígrafe de uno de los más grandes escritores argentinos modernos, Juan José Saer, acerca de la confusión de las fronteras entre la realidad y la ficción.

Acerca de eso trata este texto tan actual: un análisis crítico de fondo sociológico sobre el crecimiento y las posibilidades de las redes sociales virtuales, sin miedo de las motivaciones sociales que nos fascinan y que, a menudo, ocupan nuestro precioso tiempo dedicado a buscar "amigos" y

---

* Martin Cezar Feijó es profesor en las universidades FAAP y Mackenzie (en São Paulo, Brasil) y escritor. Autor de varios libros, entre ellos, "O que é política cultural" (¿Qué es política cultural?) y "O revolucionário cordial" (El revolucionario cordial).
1 Millôr Fernandes. *O livro vermelho dos pensamentos de Millôr*. Porto Alegre: L&PM, 2007, pág. 25.

mostrarnos los más inteligentes, sensibles e interesantes, algo que puede generar ganancias tanto en los negocios como en el intercambio cultural. Las autoras abordan eso en este pertinente estudio.

La metodología es coherentemente de base sociológica, dialogando con investigadores de diversas escuelas (flirteando a veces de forma arriesgada con el eclecticismo, lo que se explica por su origen académico), pero con énfasis en una perspectiva postmarxista que no siempre prioriza los intereses económicos sobre los subjetivos en las relaciones sociales humanas. Es en esta especificidad profunda y coherente que el trabajo presenta su más destacada calidad y pertinencia: nos llama la atención hacia la misma viabilidad de esas redes, tanto económicas como políticas. Como lo sabemos, nada es gratuito en el capitalismo, y la supervivencia de esas redes depende tanto del interés que despiertan como de las posibilidades que crean.

Con una base teórica sólida y una investigación cualitativa en Argentina y en Brasil, este trabajo cuenta con otra novedad, la de presentar una investigación que compara el cuadro en los dos países, señalando tendencias interesantes, como una posible decadencia del Orkut comparada a un crecimiento del Facebook, con herramientas actualizadas de preservación de la privacidad, al diferenciar niveles de amistades e informaciones públicas. Sus consecuencias político-culturales son inmensas porque permiten asociaciones a otras redes, también en amplio florecimiento como Wikipedia (que aún padece de desconfianza por parte de la académica, con cierta razón) y el YouTube (por la posibilidad de registros compartidos a través de las redes).

Las autoras describen experiencias propias con las redes sociales, tanto en el sentido de los descubrimientos como de las dudas y críticas que puedan extraer de esa exposición, recordándonos al gran científico social estadounidense C. Wright Mills, que hablaba de la fusión entre la vida personal y la vida intelectual[2]. Además, en el ámbito empírico, incluyen diversas declaraciones que enriquecen el trabajo como un todo. Pero es en la reflexión que el trabajo aporta su gran potencialidad, como la utilización del concepto del capital social:

> *"Lo más interesante es que los usuarios de las redes sociales virtuales serán conscientes de su autopresentación, aunque ésta no estará libre de discrepancias. Ellas son percibidas por sus compañeros y, según la valoración individualmente otorgada a la red, las consecuencias pueden ser más o menos perjudiciales. El capital social aparecerá allí donde*

---

2   *Sobre o artesanato intelectual e outros ensaios.* Seleção e introdução de Celso Castro. Traducción de Maria Luiza X. de A. Borges. Rio de Janeiro: Zahar, 2009, pág. 28.

coinciden una autopresentación sin grandes discrepancias, una valoración positiva de la red como un todo y del perfil del otro, surgiendo también en redes amplias y tendentes a la heterofilia..."[3]

Es aquí, en esta clara demonstración de una densidad teórica sólida y actualizada, que las autoras señalan la novedad de la relación entre el capital social y las redes sociales virtuales, yendo más allá de una mera ganancia económica. Siguiendo los pasos de Pierre Bourdieu, con su síntesis entre Marx y Weber, señalan un poder simbólico construido en esas relaciones de amistades virtuales, así como en la conclusión que señala hacia una heterofilia en un nivel micro para una homofilia en términos más amplios.

Y es exactamente la relación entre lo público y lo privado que no confunde instancias, es decir, que no se "protege" bajo un peligroso anonimato de personas sin rostro o identidad, propio de los totalitarismos, lo que demuestra los aspectos políticos y culturales de esas redes, en tanto que inteligentemente utilizadas. "Yo quiero tener un millón de amigos", de Lucimeire Vergilio Leite y Lucrecia Barreiro, se convierte, así, en una excelente contribución para el buen uso de las redes sociales virtuales en una perspectiva conscientemente de política cultural.

---

3   Página 47.

1. ¿...Y así más fuerte poder cantar?

Las Ciencias Sociales abordan hechos que son cotidianos para todas las personas y sobre los cuales todos tenemos nuestras propias definiciones y conocimientos prácticos. El abordaje científico de esos hechos cotidianos supone, por un lado, hacer explícitas las perspectivas difundidas popularmente entre los actores participantes y también entre los científicos que realizan una investigación de ellos; por otro, recurrir a teorías densas y conceptos ya sedimentados permite mirar al objeto de estudio con validez y confiabilidad. El presente trabajo parte de ese supuesto esencial y a partir de él buscamos desarrollar la investigación que tuvo como producto final el presente libro.

Empecemos con algunos conocimientos prácticos. Se sabe que tener muchos contactos puede ayudar a que uno consiga trabajo, o cualquier otra cosa que busque. El aislamiento no es, sin duda, la mejor forma de obtener bienes o servicios disponibles en la sociedad, sea trabajo, apoyo o información. Se sabe, además, que una persona que no cuida la forma de presentarse ante los demás genera como mínimo la sospecha, cuando no el rechazo, dificultando, así, el acceso a esos bienes. Tener la confianza de los otros es una necesidad básica para llevar una vida tranquila en sociedad.

Las redes sociales virtuales nos permiten mantener el contacto con millones de personas en todo el mundo, con amigos, familiares, desconocidos, colegas del trabajo. ¿Eso quiere decir, entonces, que tenemos a nuestra disposición más bienes o ayuda? En esas comunidades, podemos crear la forma de presentarnos ante los demás, definirnos, como somos o como nos gustaría ser. ¿Eso es lo que se hace? ¿Las personas buscan la coherencia y una buena autopresentación o, al contrario, no les importa lo que los otros van a decir de ellas en las redes? En fin, con el acceso a tantas personas que, a su vez, se relacionan con tantas otras, las redes sociales están en el centro de lo que se denominan las "nuevas sociabilidades", generadas a partir de nuevas pautas de relaciones esencialmente virtuales.

Nosotras, dentro de nuestras respectivas redes, Orkut en Brasil y Facebook en Argentina, nos preguntábamos esas cosas mientras estudiábamos la teoría del capital social, que afirma, entre otras cosas, que los individuos buscan invertir en relaciones, sea para conseguir más vínculos o para mantener los que ya tiene, para obtener ganancias (bienes o servicios). El capital social está presente en las relaciones, pero no en cualquier relación, sino en aquella que busca obtener ganancias. Eso suena como una relación basada en intereses, como si uno sólo participara de esas redes o mantuviera relaciones con otros para obtener algo, pero se trata de algo más complejo. Todos pedimos favores, consejos o ayuda a amigos. A veces, les contactamos para pedir una recomendación de un restaurante o si queremos vender algo, por ejemplo. Las relaciones están siempre basadas en el intercambio o, como se dice, en el "toma y daca". Aunque no se retribuya un favor de inmediato, sí permanece una promesa tácita de que un día, si es necesario, uno ayudará al otro. Hasta la fecha, se han realizado varios estudios, muchos de ellos por grandes organizaciones internacionales, como el Banco Mundial o la ONU, acerca de la relación entre el capital social y la búsqueda laboral, o sobre el capital social y las estrategias para salir de la pobreza, entre otros temas.

Observando el crecimiento masivo de la utilización de las redes sociales como el Orkut y el Facebook, nos pareció interesante estudiar, a luz de esa teoría, lo que hacíamos cotidianamente en las redes. Por cierto, desde nuestras individualidades la visión de mundo es siempre sesgada, aunque la Sociología nos ofrezca herramientas de control de la observación de los hechos. Por eso decidimos realizar, para nuestra tesis de grado, una observación participante de esas redes, entrevistando a usuarios conocidos y desconocidos por nosotras, registrando inicialmente nuestra propia historia en las redes para que nuestros prejuicios y opiniones quedaran plasmados y aclarados. Los entrevistados fueron personas recomendadas por amigos, o incluso que conocimos a través de la red y que se dispusieron a hablar libremente acerca de su modo de utilización de la herramienta, contestando una guía de preguntas que preparamos para responder a nuestros cuestionamientos referentes a la autopresentación, el capital social y el Orkut/Facebook.

Primero, lo que nos preguntamos fue si efectivamente las comunidades virtuales funcionaban como herramientas de mantenimiento y creación de capital social para los usuarios. Es decir, si los individuos lograban capitalizar esas relaciones en su provecho, sea para conseguir trabajo, apoyo, pareja o alguien que arreglara la computadora. Nuestra hipótesis era que, si cuanta más gente, mayor posibilidad de contactos y de obtener ganancias (como dice el sentido común), entonces esas redes sociales deberían ser un hervidero de intercambios. Además, a partir de estudios académicos, sabíamos que el acceso a ganancias en el mercado dependía no de la cantidad de vínculos, sino de la calidad de los mismos (fuerte o débil). Entonces, nos preguntamos: ¿qué tipo de capital social estaría presente en esas redes?, es decir, ¿qué tipos de vínculos se forman?, ¿son más bien fuertes o débiles?

El sentido común nos dice que si queremos que alguien nos haga un favor, esa persona nos debe tener un mínimo de confianza. Para eso, es importante cómo nos presentamos, qué imagen pasamos a los otros. Erving Goffman, sociólogo canadiense que escribió principalmente en los años 1950, desarrolló una teoría de la autopresentación, detallando las formas en que uno actúa para lograr sus fines, pero desde la más mínima elección cotidiana. Él afirmó que todos desarrollamos personajes propios según la impresión que queramos causar. Así, una persona que está entre sus amigos, se vestirá y hablará de determinado modo; esa misma persona, con su jefe, podrá hablar y vestirse de forma diferente. Cada estrategia individual produce en el otro una determinada reacción: queremos que los amigos nos consideren interesantes y que el jefe nos vea de forma profesional y seria. Igualmente, en las redes uno se autopresenta a través del contenido que expone allí, su descripción, lo que exhibe o esconde de los otros y la forma en que participa de ellas. A su vez, el perfil creado generará una impresión determinada en las personas. Por eso, también nos preguntamos acerca de las estrategias de autopresentación de los individuos en esas redes y, por otro lado, si esas estrategias favorecían o no la generación de capital social.

Finalmente, como se puede suponer, buscamos también comparar ambas redes que estaban en momentos históricos muy diferentes. Cuando terminamos nuestro estudio, a fines de 2008, el Orkut ya estaba consolidado en Brasil desde hacía 4 años, mientras que el Facebook se asentaba en Argentina con fuerza desde hacía unos meses.

Para fines metodológicos, partimos de las tres premisas básicas de la teoría del interaccionismo simbólico (Taylor y Bogdan, 1986): *"el ser humano orienta sus actos hacia las cosas en función de lo que éstas significan para él"*; *"el significado de estas cosas se deriva de, o surge como consecuencia de la interacción social que cada cual mantiene con el prójimo"*; y *"los significados se manipulan y modifican mediante un proceso interpretativo desarrollado por la persona al enfrentarse con las cosas que va hallando a su paso"*. Así, al estudiar las redes virtuales optamos por una aproximación cualitativa al problema investigado, dado que esta metodología permite indagar a los actores sobre su propia definición de la situación. Esa metodología se refiere a la investigación que produce datos descriptivos: las propias palabras de las personas, habladas o escritas, y la conducta observable, más que números o porcentajes.

Así, este estudio surgió de nuestra propia participación en las redes sociales. Cuando empezamos nuestras discusiones para analizar cómo las estudiaríamos, hasta qué punto eran comparables, etc., vimos que nosotras mismas teníamos prejuicios y opiniones formadas sobre el fenómeno. En muchos momentos, nos resultaba difícil separar nuestras propias perspectivas y mirar las redes desde lejos. Usar una teoría bien enmarcada nos ayudó bastante, pero igualmente nos pareció que nuestro conocimiento adquirido a través del uso, ya no tanto de lecturas académicas o semi académicas, debía constar en la tesis. Somos también productoras de esas redes, tanto como los demás usuarios pero, ahora, igualmente, investigadoras. Descubrimos en la *autoentrevista* un abordaje metodológico que nos permitía incluir nuestra experiencia de forma crítica y constructiva para la observación y el análisis de los casos. Según Boufoy-Bastick, "*la autoentrevista crítica es un método procesual que presupone la reflexividad espontánea y la consciencia crítica*", reconociendo que "*todo el conocimiento en última instancia siempre refleja un conjunto de normas y valores acerca de lo que se está examinando…*" (Thomas, 1993 - citado por Boufoy-Bastick). Esta metodología nace de procesos etnográficos, con el objetivo de que la participación del investigador en un determinado ámbito sea transmitida al lector en aras de facilitar su entrada en él. Nuestra pauta inicial para la elaboración de nuestras respectivas autoentrevistas fue la de escribir, como en un diario personal, nuestra propia participación en la red social virtual, especificando todo lo que nos parecía importante en tanto experiencia virtual y también de investigación. El objetivo era también dar al lector una idea de cómo se construye la historia de un usuario en una red así, incluso porque nuestras propias historias son parecidas a las de muchos usuarios y a las de varios de nuestros entrevistados. Ellas sirven como un punto de partida para la comprensión de los casos y también para la comprensión más detallada del análisis. Además, son un reconocimiento de la importancia de la subjetividad en el estudio cualitativo y, más aún, en una observación participante.

Este trabajo fue realizado como tesis de grado de la carrera de Sociología, de la Universidad de Salvador, en Buenos Aires, bajo la supervisión del Dr. Pablo Forni. A pesar de su origen académico[4], consideramos el tema lo suficientemente interesante como para sacarlo de allí, siguiendo a los consejos de nuestro tutor de tesis, y diseminarlo

---

4   El trabajo de campo se hizo entre 2005 y 2008. Realizamos entrevistas en profundidad con cerca de diez personas en Brasil y diez en Argentina. La metodología de recolección de datos y análisis de los datos fue esencialmente cualitativa, es decir, no tenemos el objetivo de generalizar y decir que "todos los usuarios de Facebook u Orkut actúan así", sino de averiguar cómo la teoría del capital funciona en los casos específicos que estudiamos. Hemos elegido omitir en esta publicación los apartados más técnicos respecto a la metodología u operacionalización de las variables, dado que nuestro objetivo es hacer el estudio accesible al público no académico.

entre una diversidad de personas que se interesen por las nuevas sociabilidades desarrolladas en Internet, por esas herramientas específicas como el Orkut y el Facebook, o por cualquier otra, y, principalmente, entre los que buscan un estudio más minucioso del capital social en las redes sociales en Brasil y Argentina. Además, en nuestros países, exceptuando a los medios masivos de comunicación, hay poco escrito sobre el fenómeno, tanto en la academia como fuera de ella. Buscamos, con esto, hacer también nuestro pequeño aporte, principalmente orientado a los investigadores que recién empiezan a estudiar las redes sociales virtuales o el capital social, o también a personas que estén interesadas en el desarrollo y funcionamiento detallado de esas redes desde la perspectiva de sus usuarios.

Esperamos haber logrado en este trabajo unificar el conocimiento académico y un lenguaje accesible, para contribuir con la construcción y difusión de un fenómeno que ha cambiado la forma de relacionarse socialmente, como son las redes sociales virtuales.

2. Enredándonos en la virtualidad

Los cambios ocurridos no sólo en telecomunicaciones sino principalmente en Internet han logrado alterar nuestros hábitos más cotidianos de trabajo, además de la forma de relacionarnos con amigos, conocidos y desconocidos. Si antes las relaciones se daban en núcleos más cercanos de trabajo, escuela o vecindario, hoy la posibilidad de conocer gente ha superado y mucho las fronteras más lejanas. A tal punto que todos tenemos una historia de un amigo que conoció a su pareja, o que consiguió un trabajo o informaciones cruciales para su desarrollo a través de la red. El mundo se ha ensanchado y así las relaciones humanas han cambiado de cara. Hace mucho que se habla de las nuevas sociabilidades fomentadas por las redes virtuales que trajeron nuevos patrones de comportamiento y relaciones a la vida cotidiana, pero poco se ha hablado de su funcionamiento específico o de las acciones individuales que permiten decir que la sociabilidad desarrollada a través de Internet es, de verdad, novedosa.

Estar en Internet se ha vuelto la clave para participar en el mundo, sea a través de un sitio personal, blogs, participaciones en foros y en redes sociales. Éstas se han convertido en uno de los medios preferidos por los jóvenes de todas las edades, diseminándose a gran velocidad por todo el mundo. No obstante, cada país parece tener su preferencia. Una misma red no se desarrolla de la misma forma ni al mismo tiempo en todos los lugares. *Friendster* fue unos de los primeros sitios de relaciones sociales que se popularizó masivamente, aunque en Brasil o en Argentina no haya tenido ningún impacto significativo y muchos ni siquiera escucharon hablar de él. A su vez, el Orkut fue todo un boom en Brasil a partir del 2004, cuando todos participaban y el que no lo hacía tenía que explicar muy bien su opción "rara". Cuando el Orkut empezó en Brasil, Argentina todavía no conocía nada de las herramientas de redes sociales, excepto entre algunos pocos especialmente adictos a la web. En 2008, Facebook atracó por aquellos pagos y también revolucionó la forma de relacionarse y de utilizar Internet. A su vez, en Brasil el Facebook recién empieza a arrancar… los que ya están en Orkut no quieren salir, los que ya salieron no quieren meterse en otra red social.

Es innegable, no obstante, que las redes sociales son la clave de lo que se denominan las "nuevas sociabilidades" a través de Internet. Si bien pueden encontrarse varios tipos de comunidades (temáticas, profesionales, universitarias, comerciales, etc.) esencialmente, *una red social virtual es un espacio en Internet donde las personas se registran para participar e intercambiar información acerca de temas que les interesan, conformando lazos (fuertes o débiles) entre ellas.* Una definición sencilla para una práctica mucho más compleja de lo que se imagina.

Estas redes tienen características comunes en cuanto a su forma: todas tienen una página de perfil, en la cual el usuario se describe, agregando una foto y datos personales. Estos difieren no sólo en función de una red a otra (por ejemplo, los datos en LinkedIn son esencialmente profesionales, mientras en Facebook u Orkut son personales), sino también de un usuario a otro. Están los que optan por poner todo lo que pueden, incluso aspectos privados de sus vidas, mientras otros son más concisos. De hecho, lo que se muestra y se esconde es uno de los juegos más placenteros de esas redes y va a definirlas como herramientas buenas o no. El perfil es el ápice de las redes, inherente a la misma participación en una red, porque allí se muestran las elecciones hacia una forma determinada de autopresentación. Es un espacio donde se puede recrear una identidad, o mostrar cómo uno es o incluso cómo a uno le gustaría ser. Hasta se puede crear una identidad totalmente nueva y llevar una doble vida… la creatividad puede no tener límites. Los *fakes* en esas redes muestran eso.

Otra característica de las redes sociales es que dicho perfil individual está conectado a otros perfiles individuales, directa e indirectamente, poniendo a prueba la famosa teoría de los "seis grados de separación"[5]. Uno puede tener diez personas conectadas a su perfil, pero al tener acceso a esos diez perfiles, uno ve que, a su vez, otra persona está conectada a otras cien, y así sucesivamente. Igualmente, además de estar conectado individualmente a otros miembros, uno puede pertenecer a grupos que se forman o incluso formar nuevos grupos, basados en intereses personales.

Una tercera característica de las redes sociales es que siempre hay formas de intercambio de mensajes (y eventualmente bienes o favores), que a veces quedan expuestos a la vista de todos, a veces no. En Orkut y Facebook, por ejemplo, hay una opción de que los mensajes sean abiertos a otros usuarios o no, mientras en LinkedIn, red que favorece el desarrollo profesional, los mensajes son siempre privados, pero los

---

5   La definición dada por la Wikipedia es clara: "**seis grados de separación** es una teoría que intenta probar el dicho de "el mundo es un pañuelo", dicho de otro modo, que cualquiera en la Tierra puede estar conectado a cualquier otra persona del planeta a través de una cadena de conocidos que no tiene más de cinco intermediarios (conectando a ambas personas con sólo seis enlaces". En Internet: http://es.wikipedia.org/wiki/Seis_grados_de_separaci%C3%B3n (Acceso en 03 de agosto de 2009).

comentarios o testimonios hechos acerca del profesionalismo de los miembros son abiertos, si así se desea.

Algunos rasgos de Internet, y consecuentemente de las redes sociales, parecen pautar la participación en ese medio y caracterizar sus más profundas motivaciones. Danah Boyd (2008) afirma que la red se caracteriza por la *persistencia*, la *replicabilidad*, la difusión o *escalabilidad* y la *posibilidad de búsqueda*. El primer rasgo se refiere al hecho de que lo que uno pone en Internet, allí queda, y aunque sea posible hacerlo, un registro no es fácil de borrar y más bien, como señala esa autora, va en contra del mismo "ethos cultural" del medio. Los mismos perfiles tienen cierta durabilidad: aunque se pueden borrar cuando uno lo quiera (no sin causar la sorpresa de los otros compañeros de red), se registran allí comentarios que muchas veces pueden ser buscados por otros miembros de su red e incluso externos. Estar en la red requiere un desarrollo de una historia allí, con contenidos y marcos personales. ¡Qué poco interesante sería si nuestras páginas de Facebook u Orkut fueran totalmente vacías!

Del mismo modo, y como parte de la persistencia del registro, todo allí puede ser replicable. El pastiche, el collage, la copia burda y el plagio son siempre posibles en Internet, donde se borran los límites de la autenticidad e incluso la necesidad de ser auténtico. Es relativamente fácil copiar una imagen, un texto, o colgar un vídeo en You Tube o en otros medios similares, es decir, la construcción del contenido de lo que llamamos, de modo muy amplio y general, Internet se hace de las más diversas formas. Los *wikis*, como la *Wikipedia*, es el ejemplo más conocido de esto, pero incluso un post en un blog también puede serlo. Lo que es más interesante de eso es la relación con la creatividad.

Los usuarios de Internet y, principalmente, de las redes sociales aplican su creatividad a diario: eligen qué fotos poner, dejan un mensaje a sus amigos, un texto suyo o de otro autor, un comentario sobre un blog o un video, entre otras actividades. Uno se expone allí y lo hace a través de sus propias creaciones. Comparando la masividad de ese medio con cualquier otro anterior, ese acceso al desarrollo y exhibición de la propia creatividad es, sin duda, inaudito. Por eso, la divulgación es también una característica esencial de Internet: lo que está allí es público y aunque sea posible buscar formas de privacidad de contenido, no siempre se logra, y no todos siguen reglas (o éticas) similares. Principalmente, no hay interés de que todo se oculte… lo esencial es estar, mostrarse y ser visto.

Finalmente, como todos saben que los contenidos no sólo permanecen en la red, sino que además son reproducidos y difundidos, la posibilidad de búsqueda es inherente y fundamental para el manejo mismo de Internet. Tan importante es ello en la dinámica cotidiana que la palabra "Google" se ha convertido en un verbo en inglés (*I googled her*, o "la googlé"). Actualmente, muchos de nosotros usamos al menos una vez al día un sitio de búsqueda, sea para localizar informaciones complejas o la dirección de un restaurante. Buscar a desconocidos o a amigos en la red de relaciones también es parte de la diversión, porque la idea es esa: conectarse.

Además, podríamos incluir el hecho de que ahora todo ese complejo mecanismo de visibilidad y flexibilidad de contenido está disponible las 24 horas al día, estemos donde estemos, a través de Internet en los teléfonos móviles o en los *netbooks*. Pero aún en su forma tradicional, ya es una banalidad decir que Internet ha cambiado el mundo actual y ha traído no sólo nuevos conceptos sino nuevas prácticas definitivas.

La inmediatez es otra característica de ese medio. Todas las informaciones están allí al mismo tiempo y basta con hacer un sólo clic. Además, el propio usuario demanda una velocidad de transferencia de datos cada vez más rápida. Esto no es diferente para el contacto entre personas. Las formas inmediatas de interactuar con personas en Internet son herramientas que permitieron un enorme cambio en lo cotidiano. Además del simple (y casi podemos decir, viejo) e-mail y salas de chat, comunidades o foros de debate o blogs, están los softwares que permiten la comunicación instantánea con voz o mensajes de texto e imágenes, tales como el MSN, Skype, ICQ, entre tantos otros.

De acuerdo con Amstrong y Hagel (citado por Guinalíu, 2004) las redes virtuales tienden a satisfacer alguna necesidad de los que participan de ellas. Están las redes que buscan tratar asuntos relevantes, dando a las personas la posibilidad de compartir información sobre tópicos en los que estén interesadas. Por ejemplo, hay redes sociales específicas por temas, como Adgabber para publicitarios, o Sermo para los médicos, etc. En otras redes, las personas buscan establecer relaciones, encontrándose con otros usuarios con intereses, problemas o experiencias similares (Sonico.com, Friendster, Facebook, Orkut, etc). En redes como Second Life, por ejemplo, se satisface una necesidad de vivir fantasías, jugando en la realidad virtual y hasta incluso creando una vida virtual. Finalmente, hay redes de personas que quieren realizar transacciones comerciales, como *mercadolibre.com*, *masoportunidades.com*, *deremate.com*, etc. En este trabajo, al analizar el Facebook y el Orkut, percibimos que hay una mezcla entre abordar temas de intereses personales, vivir fantasías e incluso hacer transacciones comerciales, pero principalmente, está la necesidad de establecer relaciones y reconectarse con personas.

En cuanto a su utilización, hay varias especificidades que se generan en estas redes virtuales. En primer lugar, se trata de un contacto que no es inicialmente cara a cara. Ello no significa que las personas no puedan conocerse personalmente, o que la relación "virtual" no pueda derivar en una relación sin intermediación de la computadora. Independientemente de esto, lo que podemos asegurar es que a partir de ese intercambio de información e intereses pueden generarse diferentes formas de relación entre los miembros, sacándolos de la virtualidad o no.

Por otro lado, el intercambio de informaciones es bastante variado: los participantes hablan de sí mismos, revelan su identidad de alguna forma, es decir, intercambian información personal o general, siguiendo el tema propuesto por la comunidad o algún otro que él mismo proponga. Sin embargo, a grandes rasgos, podemos decir que lo que une a esas personas en una determinada comunidad o red son sus intereses comunes, sea por el tema propuesto por la comunidad o por el simple hecho de interesarse en participar en una red virtual (curiosidad, intercambio, moda, búsqueda de nuevos amigos, etc.).

De acuerdo con comScore, empresa que mide la audiencia de Internet, el número de usuarios de redes sociales en América Latina (considerando Argentina, Brasil, Colombia, Chile y México) llegó en enero de 2008 a 46 millones, lo que implica un 16% de crecimiento en relación a enero de 2007 (39 millones de usuarios).

También es importante mencionar que la presencia de las redes es regionalizada. Por ejemplo, Orkut es enorme en Brasil, pero insignificante en el resto de los países de esa región; algo similar sucede con MySpace que muestra un impresionante uso entre puertorriqueños, mexicanos y la comunidad hispana en Estados Unidos.

Con más de 3 millones en Argentina, Facebook es la principal red virtual de relaciones, mientras que en Brasil ese número llega a los 27 millones. Según la encuesta realizada por *Livra Panels* en septiembre de 2007, casi el 70% de los usuarios de Internet en Brasil usaban algún sitio de este tipo, mientras que en Argentina ese número llegaba solamente al 21%. En 2008, ese número ya alcanzaba el 85% de los usuarios de Internet en Brasil.[6]

Siguiendo la encuesta de 2007, de ese 70% en Brasil, la red con mayor participación (79%) es el Orkut, seguido del MSN Spaces (41%) y del My Space (15%). Podemos suponer que esa proporción se ha mantenido en los dos años siguientes. Esto confirma la relevancia del

---

6   Blog de Livra Panels: http://blog.livrapanels.com/index.php/2008/12/02/85-of-brazilian-internet-users-have-visited-social-networking-websites-in-september-2008/ (Acceso en 25 de octubre de 2009.)

Orkut y su diseminación como una herramienta de uso masivo. Esa amplia participación es lo que la convirtió en parte de lo cotidiano de la sociedad más que ninguna otra herramienta de Internet, pautando nuevos tipos de relaciones, valores y hábitos.

A su vez, en Argentina, los sitios más populares en 2007 aún eran MSN Spaces (37%), My Space (22%) y Hi5 (17%). En 2008, esto ya había cambiado dado el crecimiento que tuvo Facebook. ¿Cuáles son las implicancias de estos datos generales en nuestro trabajo?

El aumento vertiginoso de las comunidades *online* de todo tipo (en el año 2000 ya existían en la red más de 40 millones de comunidades virtuales)[7] ha hecho que los sociólogos y psicólogos sociales se preguntaran acerca de esas nuevas formas de sociabilidad y de participación. *¿Están los individuos relacionándose más en comunidades? ¿Son las comunidades virtuales iguales a las comunidades tradicionales conocidas hasta hace poco? ¿Cómo se relacionan y qué tipo de vínculos persisten en esas comunidades?* Esas son algunas de las preguntas que surgen a partir del análisis de las relaciones sociales a través de Internet.

Según Castells (2007), "la revolución de la tecnología de la información y la restructuración del capitalismo introdujeron una nueva forma de sociedad, la sociedad en red. Esta sociedad se caracteriza por la globalización de las actividades económicas decisivas del punto de vista estratégico, por su forma de organización en redes; por la flexibilidad e inestabilidad del empleo y por la individualización de la mano de obra. Por una cultura de la virtualidad real construida a partir de un sistema de medios omnipresente, interconectado y altamente diversificado". Se generan, fundamentalmente, nuevos tipos de sociabilidades, marcadas por la primacía del individuo sobre presiones sociales anteriormente existentes y por una fluidez para alternar entre el ámbito virtual y el no virtual. Además, la sociabilidad generada a partir de la virtualidad parece tener un flujo alto de intercambio de información.

Hay divergencias respecto a si Internet hace a los individuos más o menos sociables, pero esta discusión va más allá de los objetivos que nos planteamos en nuestro trabajo. Lo que nos parece importante definir aquí es que el uso masivo de las redes sociales virtuales por una parte tan grande de la población usuaria de Internet (y con una tendencia marcada a un mayor crecimiento) debe indefectiblemente promover nuevos hábitos y valoraciones.

---

7   Según estimaciones de Robert Kozinets:
http://www.kellogg.northwestern.edu/kwo/win01/indepth/kozinets.htm (Acceso en 25 de octubre de 2009.)

Esto nos lleva a otro aspecto importante de las redes sociales virtuales: la necesidad de una autopresentación adecuada para generar la confianza necesaria que desembocará, a su vez, en la posibilidad de generar nuevos vínculos y, finalmente, en la movilización efectiva de capital social. La autopresentación es un aspecto esencial de las redes sociales, relacionado profundamente con la creatividad que mencionamos anteriormente. Una parte importante de la utilización de esas redes está en el tiempo dedicado a poner fotos, escribir comentarios o textos en las páginas de amigos o en comunidades y, principalmente, a mirar las páginas ajenas y (aunque íntimamente) evaluarlas como buenas o malas según los estándares construidos de forma común, subjetiva e implícita. Una persona que habla demasiado acerca de sí misma puede ser mal vista, lo mismo si se exhibe demasiado a través de las fotos. Según Goffman (1990), lo que es esencial de la autopresentación es que, para lograr entablar relaciones que rendirán frutos en el futuro, es fundamental manejar la impresión que los otros tienen de uno, transmitiendo coherencia con uno mismo y con los otros. Para que una relación pueda ser movilizada para obtener ganancias (favores o bienes), es decir, para que se vuelva capital social, la generación de confianza a través de la autopresentación es condición *sine qua non*.

El capital social es un concepto multidisciplinario que ha sido aplicado tanto en estudios sobre comunidades pobres como en investigaciones sobre el desarrollo individual en el mercado laboral. En este trabajo tomaremos la definición de Nan Lin, que es bastante directa. Para él, capital social es "la inversión en relaciones sociales con el objetivo de obtener ganancias en el mercado" (2001), siendo también recursos presentes en redes sociales que son accesibles y utilizados por los individuos en sus acciones.

La movilización del capital social en tanto estrategia del actor para maximizar sus beneficios tiene lugar dentro de las rigideces y flexibilidades de la estructura social. Uno puede tener un millón de amigos, pero no tener la iniciativa para recurrir a esos vínculos cuando los necesita, sea por dificultades personales, sea porque socialmente hay controles que nos impiden tocar el timbre de un amigo de un amigo para pedirle un favor. No obstante, sí hay espacios para el ensanchamiento de las redes personales y la creatividad es esencial para eso. Las mismas redes sociales virtuales presentan una estructura más o menos rígida que impone límites y abre puertas, es decir, es a la vez habilitante y constrictiva. Las características estructurales serán específicas a cada una, así como la forma de utilización por sus usuarios.

A continuación describiremos las redes sociales más relevantes en Argentina y Brasil, Facebook y Orkut respectivamente. Elegimos estas dos redes por la relevancia cultural que tienen y por el número de usuarios muy superior a cualquier otra en esos países. En seguida, abordaremos las teorías con las cuales salimos a campo, esencialmente el cruce entre capital social y la autopresentación, y a partir de ellas, analizaremos los datos obtenidos en las entrevistas, presentando los casos individualmente para luego compararlos. Finalmente, presentaremos nuestras conclusiones y propuestas para futuras investigaciones.

3. Orkut y Facebook: un breve histórico de los casos

3.1 El Orkut en São Paulo, Brasil

El Orkut es una comunidad virtual creada en 2004 por Orkut Buyukkoten, empleado de la empresa Google, que funciona como una especie de club al que inicialmente uno tenía que ser invitado para participar, si bien hoy en día es de acceso libre. Al registrarse en el sitio, uno tiene que llenar un cuestionario que va a definir el perfil del usuario, que será su página de presentación, o *perfil social*. Boyd (2009) señaló, por ejemplo, que hubo una movilización entre los brasileños para superar el número de estadounidenses en la red y lo que más favoreció su crecimiento en Brasil fueron los vínculos entre personas de Rio y São Paulo: "Como hay un flujo grande entre las dos ciudades, es muy común que una persona de São Paulo tenga amigos o familiares en Rio, y viceversa. Inicialmente, el crecimiento del Orkut se basó en eso". En el momento de llenar el perfil, uno puede elegir si los datos personales van a estar disponibles para todo el mundo, para los amigos directos o también para los amigos de los amigos. Algunos datos que se piden allí son edad, ciudad, si tiene hijos, pareja, orientación sexual, estado de ánimo típico, entre otras.

El usuario puede agregar su foto a la página inicial y, además, dispone de un álbum al que puede agregar fotos personales y vídeos, función que se agregó hacia el año 2007. En el perfil social de cada usuario, se encuentran también la relación de las comunidades a las cuales pertenece, su grupo de amigos, los "testimonials", es decir, lo que sus amigos escribieron acerca suyo, así como los iconos para enviar mensajes, ver el *scrapbook* (libro de mensajes), etc. También aparece en la primera página la actitud general de los amigos hacia uno, denominada "karma", representada por las caritas (que significan cuán confiable uno es), los cubitos de hielo para *cool* y los corazones (que indican cuán divertido y sexy lo consideran). Para que esos símbolos aparezcan, los amigos tienen que haber entrado en el icono de amigos y llenado el "karma" de cada uno de los amigos de su lista.

En ese espacio de encuentro, es posible ver las fotos de los amigos uno que tiene en su lista o también intercambiar mensajes instantáneos, tipo *chat*, a través de Google Talk. A través del *scrapbook*, se pueden enviar mensajes a los amigos personales o también a personas de las comunidades en las que uno participa. A partir del perfil social también se puede acceder a la página del perfil profesional, en el cual se incluyen datos acerca de la formación académica y actividades laborales, y también al perfil personal, donde se incluyen informaciones personales como color de ojos, pareja ideal, cinco cosas sin las cuales no puede vivir, etc.

Desde 2004 hasta hoy, la estructura de Orkut ha cambiado en diversos aspectos. Por un lado, se pueden ver las actualizaciones que los amigos hacen en sus propias páginas; por otro, están los anuncios de Google a la derecha; y, finalmente, están las aplicaciones independientes que se pueden usar (herramientas mucho más desarrolladas y utilizadas en Facebook). El cambio principal, no obstante, se dio en la herramienta que permite bloquear personas ajenas a la lista de amigos a tener acceso a los mensajes en el *scrapbook* o a las fotos.

Los usuarios pueden crear y formar parte de las diversas comunidades temáticas en las que se desarrollan foros, también con participación opcional. Algo bastante común entre los participantes del Orkut es pertenecer a la comunidad de su escuela, colegio, facultad o empresa en la que uno trabaja o trabajó, dado que esto facilita que antiguos colegas lo encuentren a uno en la red. También hay diversas comunidades que hablan de cantantes, actores, programas de televisión, y otras más insólitas o incluso chistosas, como "mi móvil ya se cayó en el inodoro", o "yo nací en enero", etc.

El Orkut en Brasil ha tenido su apogeo y decadencia y sigue entusiasmando por mucho más tiempo que sus detractores habían previsto. A partir del *boom* que hubo en 2004, el Orkut se convirtió en una herramienta tan difundida que los diarios de gran circulación en São Paulo, al mencionar una persona también señalaban su perfil en el Orkut. Aunque hoy la gran mayoría de los usuarios siguen siendo de Brasil, los números han cambiado muchísimo desde nuestro primer registro. En el 2004, los datos demográficos mostraban un 80% de brasileños, mientras que en agosto de 2009 llegan a casi 50%. Creemos que gran parte de la decadencia se debió a problemas legales surgidos en la red, por divulgación de fotos inadecuadas o crímenes cometidos a partir de información obtenida allí. El problema más grave se dio porque Google se negaba a proveer al Ministerio Público los datos personales de los usuarios, para que se pudieran llevar a cabo investigaciones[8]. Otro motivo para la pérdida de usuarios es la difusión del MySpace y del Facebook

---

8   O Globo Online: http://oglobo.globo.com/tecnologia/mat/2006/08/28/285442724.asp de 28/08/2006. (Acceso el 20 de octubre de 2009.)

entre usuarios brasileños[9] y latinoamericanos en general. Igualmente, la participación de estas redes sigue siendo bastante escasa entre la población brasileña (sólo el 1%)[10]. Por lo tanto, lo que vemos es, más bien, que mucha gente salió efectivamente del Orkut, sea para ir a otras redes sociales o no. De todos modos, el Orkut sigue siendo la principal red de relaciones sociales en Brasil, ahora ya cumplidos sus 5 años.

3.2 Facebook en Buenos Aires, Argentina

Facebook es una red virtual que fue creada en febrero de 2004 por Mark Zuckerberg, un estudiante de la Universidad de Harvard que tenía sólo 19 años de edad en el momento del lanzamiento del sitio. En el sitio encontramos un enlace "Acerca de" donde aparece una definición de la herramienta: "Facebook es una herramienta social que permite a las personas contactar con sus amigos y otras personas que trabajan, estudian y viven cerca. Facebook se emplea para estar en contacto con amigos, subir un número ilimitado de fotos, compartir enlaces y vídeos, y saber más sobre las personas conocidas".

En las primeras épocas, **thefacebook.com** era una página web para los miembros de la citada universidad, pero ya a las dos semanas de su lanzamiento se habían registrado 4.300 personas entre estudiantes, profesores y ex alumnos. Estudiantes de otras universidades comenzaron a pedir su propia versión del sitio, y al poco tiempo Facebook llegó a las universidades de Stanford, Columbia y Yale. En 2005 la red se abrió a los colegios secundarios de EEUU y en 2006 a las empresas, hasta que a finales de ese mismo año se bajaron todas las barreras de registro al sitio que se abrió para todo el mundo[11].

Para acceder a una cuenta Facebook, simplemente hay que registrarse como usuario del sitio. El siguiente paso es armar un "Perfil" donde comúnmente se muestran los datos generales de la persona tales como su nombre, la ciudad de residencia, fecha de nacimiento y una foto. También es posible armar un perfil completo que incluya religión, lugar de trabajo, universidad, colegio secundario, estado civil, hobbies, actividades, etc., según el gusto del usuario.

Facebook además, permite incorporarse a "redes", como pueden ser la red de la empresa, de la universidad o el colegio secundario. Perteneciendo a una red, una persona puede visualizar y contactarse con

---

9   INFO Online: http://info.abril.com.br/aberto/infonews/062008/20062008-22.shl de 20/06/2008. (Acceso el 20 de octubre de 2009.)
10   INFO Online: http://info.abril.com.br/aberto/infonews/012009/26012009-16.shl de 26/01/2009. (Acceso el 20 de octubre de 2009.)
11   Revista Newsweek Argentina. 15 de agosto de 2007, Nº 55, pág. 40.

el resto de los miembros de esa red, publicar fotos, armar foros de discusión, etc. También existen grupos que se crean con fines o por causas específicas. En Argentina, y también fuera del país, se han creado grupos de todo tipo: de temas políticos como "Sí al campo, no al botox", con 31 miembros, a mediados de 2008 en el momento del conflicto del gobierno de Cristina Fernández de Kirchner con el campo por el tema de las retenciones; o "I bet I can find 1.000.000 people who dislike George Bush!" ("Apuesto a que puedo encontrar a 1.000.000 de personas a quienes no les gusta George Bush!") con 1.000.038 miembros. Incluso Barack Obama utilizó el Facebook como uno de los principales elementos de su campaña, con la formación de grupos que llamaban a votar en las elecciones, fuera por el candidato que fuese, o grupos que abiertamente lo apoyaban cuando era candidato. La cantidad de grupos y sus temáticas son innumerables; cuando una persona se une a un grupo, puede ponerse en contacto con el resto de las personas y contribuir en las discusiones y foros que se proponen y acceder a toda la información disponible sobre el tema.

Además del perfil, las redes de pertenencia y los grupos a los cuales las personas se adhieren, existen el "buscador de amigos" y la "lista de amigos". Ésta última les permite a los usuarios acceder al perfil de sus amigos y al perfil de los amigos de sus amigos (cada usuario puede elegir a quién está abierto su perfil), pudiendo ver quiénes son los contactos con que cuenta, los grupos a los que pertenecen y toda la información que aparezca allí publicada: fotos, aplicaciones, vídeos, artículos publicados, páginas web, etc.

Las aplicaciones de Facebook conforman también una de las principales herramientas del sitio. Éstas se definen principalmente como elementos de entretenimiento, que pueden ser juegos de preguntas y respuestas sobre alguna temática en especial, *tests* de personalidad, sobre gustos, entre muchos otros.

Según la descripción de su creador, Facebook es una herramienta que facilita el flujo de información entre los usuarios y sus compatriotas, sus familiares, amigos y conexiones profesionales. "Es una construcción matemática que mapea las conexiones de la vida real entre todos los seres humanos del planeta. Cada uno de nosotros es un nodo que irradia vínculos hacia las personas que conoce". Para describir esto, Zuckerberg emplea el concepto de gráfico social y señala "el gráfico social no es nuestro, sino algo que existe en el mundo, y siempre ha sido y será así. Realmente es más natural que la gente se comunique así, porque es vincularse con las personas que rodean a uno, los amigos y las conexiones de negocios o de otro tipo"[12].

De acuerdo con las estadísticas del sitio, a principios de 2009, Facebook cuenta con más de ciento cincuenta millones de usuarios activos, siendo la red social con más tráfico en el mundo, y el cuarto sitio web más visitado. Existen en Facebook más de 55.000 redes (regionales, relacionadas con empresas, colegios, universidades, etc.); más de la mitad de sus usuarios ya están fuera de la Universidad y la red crece más rápidamente entre gente mayor de 25 años.

En relación al vínculo con la página, señalan que el 45% de los usuarios entra más de una vez por día, y que en promedio pasan 25 minutos en el sitio. Por otro lado, compartir fotos parece ser la aplicación más exitosa: se suben al sitio más de 24 millones de fotos por día. Y respecto de la participación en grupos, hablan de 6 millones de usuarios activamente involucrados en alguno de ellos.

En los Estados Unidos, el sitio cuenta con 54.306.400 usuarios (en enero de 2009), mientras que el Reino Unido es el segundo país de mayor utilización con más de 8 millones de usuarios, seguido por Canadá con más 7 millones. Países como Turquía, Australia, Francia, Suecia, Noruega, Colombia y Sudáfrica están entre los 10 países con mayor cantidad de usuarios. De acuerdo con una nota del Diario La Nación, que recoge la información que proporciona una herramienta de Facebook para generar sus campañas publicitarias *online*, en Argentina la cantidad de usuarios asciende a 3.225.980; de esa cifra, las mujeres argentinas contabilizan 1.713.840 integrantes y superan a los hombres, que suman 1.362.940[13]. Según las proyecciones del Indec para 2009, Argentina cuenta con 40.134.425 habitantes, lo cual significa que el 8,1% de la población argentina tiene una página en Facebook.

Por lo que vemos, entonces, Orkut y Facebook son redes sociales virtuales donde las personas se conectan para mantener relaciones con gente de su pasado y su presente, personas que pasaron algún día por sus vidas o que conocieron en el mismo sitio. Aunque podamos concebir la motivación para la participación de esas redes como la conexión por la conexión en sí, es decir, para coleccionar contactos sin hacer nada con ellos y aún exhibir un número enorme de "amigos", creemos que estas redes dan para más. Principalmente, dan pie para los más diversos estudios dentro de la academia que parece todavía no haberse dado cuenta de la dimensión de la inserción de las redes virtuales en la vida de

---

12   Newsweek Argentina. 15 de agosto de 2007, N° 55, pág. 39.
13   Diario La Nación 03-03-09 http://www.lanacion.com.ar/nota.asp?nota_id=1104824 (Acceso en 20 de octubre de 2009.)

las personas de nuestros países. A continuación, hacemos un repaso de la literatura académica encontrada acerca del tema y con ello nos metemos de lleno en la teoría del capital social, que nos ayudó a salir a campo.

4. Estudios sobre redes sociales

Las redes sociales son espacios de un intercambio social intenso en el cual los individuos se articulan en redes, muchas veces basadas en intereses específicos. Por un lado, puede haber redes más pequeñas dentro del Orkut o Facebook, y sus comunidades o espacios de intercambio especifican la forma y el contenido del mismo. A su vez, hay redes con objetivos concretos como LinkedIn o Sermo, donde las personas participan para el intercambio laboral específicamente, o Match, donde las personas buscan relaciones amorosas, entre muchas otras redes.

Hay muy pocos trabajos académicos dedicados al tema de las redes sociales *online* y menos aún en países como Argentina y Brasil. En Estados Unidos y Europa, la bibliografía es, sin duda, más extensa, pero aun así, mucho se ha abordado desde las comunicaciones o ciencias de la computación y poco desde las ciencias sociales y con un enfoque teórico denso. Danah Boyd puede ser señalada como una de las grandes especialistas en el tema, con diversas publicaciones acerca de las redes sociales más importantes en Estados Unidos, con estudios que enfocan la motivación para la participación en esos sitios de relaciones (conectarse con viejos amigos, hacer nuevos amigos, ampliar las redes de trabajo, buscar pareja, etc.). Lo más interesante es que Donath y Boyd (2004) señalan, por ejemplo, la importancia de la exhibición pública de intercambios y afectos como una forma de mostrar confiabilidad y de garantizar lo que uno asegura ser su propia identidad. Este punto nos parece fundamental y a partir de aquí retomamos la importancia de la autopresentación como una actividad esencial para la participación fructífera en esas redes.

En su tesis doctoral, Danah Boyd (2008) aborda el tema de la autopresentación específicamente en las redes como My Space y Facebook, analizando a los adolescentes y su forma de participación y de creación de un espacio paralelo a su vida cotidiana y que, a la vez, se mezcla con ella. Lo más importante de su trabajo, principalmente para lo que seguirá del nuestro, es que Boyd encuentra que hay en esas redes un juego entre qué se muestra y qué no se muestra, terminando por definir la identidad de los adolescentes, que pasan muchas horas de sus días dedicadas a esos sitios.

Es importante subrayar que las redes sociales virtuales surgieron a partir de sitios de comunidades virtuales creados principalmente en las universidades de Estados Unidos en los cuales se participaba en una búsqueda de novedades y de apoyo mutuo que no estuviera basado en la ubicación geográfica. Rheingold (2000) describe el surgimiento de esas comunidades (o redes sociales basadas en la web) presentando el ejemplo de la red WELL y mostrando cómo los contactos *online* de a poco podían darse también *offline* y que, además, esas redes constituían un ámbito de contención para muchos usuarios. De hecho, lo que mostró fue justamente la predominancia de esta dirección de lo *online* hacia el *offline*, y no a la inversa. Lo que él explica en su interesante trabajo, que hoy tiene casi un interés histórico por ser una descripción etnográfica de su participación en esa comunidad, es que las redes virtuales no empobrecían las relaciones de un individuo, sino que se sumaban a ellas. Esto ya es una respuesta a las constantes preguntas respecto a si Internet favorece la creación de nuevas comunidades, en este caso, virtuales, o si lleva a un aislamiento del sujeto. Castells (2005), por ejemplo, habla de nuevas formas de *sociabilidad*, no necesariamente conformadas por el contacto cara a cara. A partir de estas comunidades *online* se puede pensar una nueva forma de identidad del sujeto, basada en un modelo de autopresentación específico para su interfaz *online*. Esas comunidades están centradas en los diferentes intereses y valores de los individuos. Castells hace una diferenciación fundamental entre los lazos fuertes y débiles y señala que "la Red es especialmente apropiada para la generación de lazos débiles múltiples", utilizados para proveer informaciones y oportunidades a bajo costo, vinculando personas con diferentes rasgos sociales. Pero, por otro lado, a partir de esos lazos débiles pueden surgir algunos selectos lazos fuertes, ya que la interacción *online* permite una mayor sinceridad y acercamiento desinhibido entre personas.

Una característica, sin duda, de esa nueva sociabilidad es la centralidad del individuo en las redes sociales virtuales, que tiende a confirmar las tesis de diversos teóricos de la comunicación que sostienen que las redes conformadas a través de Internet no tienen consecuencias e implicaciones paralelas a las redes con relaciones cara a cara (apoyo mutuo, participación cívica, etc.). Es importante mencionar también el trabajo de Wellman (1996) que a ese respecto señala que, a través de las redes virtuales, los individuos empezarían a relacionarse más por intereses comunes que por compartir un punto geográfico, algo que sería más liberador pues los individuos tendrían mayor control sobre sus elecciones de intercambio. A su vez, Blanchard y Horan (2000) parten del supuesto de que el aumento de las comunidades *online* puede hacer que las personas dejen efectivamente de participar en comunidades cara a cara o, incluso, que "la participación en esos dos tipos de comunidades ni esté relacionada". Su conclusión es que el contacto cara a cara es esencial para que haya un aumento del capital social, algo que puede ser bastante factible en el caso de Orkut y de Facebook y que trataremos a continuación. Como veremos más adelante, las redes estudiadas sirven mucho más para mantener contactos antiguos que para buscar otros nuevos, aunque esto también se dé comúnmente.

Hay ciertas peculiaridades especialmente interesantes acerca del Facebook y Orkut, tal como son utilizados en Argentina y en Brasil, respectivamente, que despiertan diversas cuestiones. Por ejemplo, en Orkut parece haber poco intercambio más allá de los saludos superficiales por el *scrapbook*. Primero, los amigos suelen ser los mismos que se conocen por relaciones cara a cara que son, a partir de ello, agregados a la lista de amigos del Orkut, y se forman pocas amistades nuevas dentro de la comunidad. Paralelamente, algo muy común es lo que Aquino (2000) denominó "coleccionadores de amigos" que agregan a su lista cualquier persona sin que jamás haya habido un vínculo cara a cara o, en caso de que sí, el contacto haya sido muy escaso. A pesar de estar entre la lista de amigos esas personas no tienen cualquier tipo de interacción, ni *online* ni *offline*, prevaleciendo una interacción reactiva (sin intercambio real entre los participantes, limitado a un mero clic en un "aceptar como amigo" o algo así) en vez de una interacción mutua (Recuero, 2005). Eso determina un tipo específico de relación entre los usuarios de la red, basada en un aspecto puramente formal, es decir, la cantidad de amigos que uno quiere mostrar, más que en el intercambio existente entre ellos. Por lo tanto, nos queda por contestar cómo se dan los intercambios en esas redes y cómo, a través de ellos, logran movilizar capital social (si de hecho lo hacen).

Por otro lado, los miembros podrían demostrar un mayor comportamiento de red a través de la participación en las comunidades pero, como arguye Recuero (2005), ésta también es escasa. Si bien su análisis de la existencia de capital social en el Orkut y en *weblogs* carece de rigurosidad y primor, queda claro que la participación en las comunidades del Orkut se limita a un bajo promedio de *posts* por participantes que, encima, están sobrerepresentados. Es interesante notar, además, que algunos miembros están afiliados ¡a más de cien comunidades! Parece difícil, así, una participación efectiva en todas ellas. La autora no logra contestar plausiblemente en su trabajo por qué las personas están afiliadas a tantas comunidades si no participan de ninguna. Aparentemente, la respuesta está en ese espíritu coleccionista de amigos y, además, de comunidades. Esto es algo que pudimos contestar en este trabajo y, como veremos, está íntimamente relacionado con la autoapresentación, según los términos de Goffman.

Él afirma que en lo cotidiano, los individuos interactúan según la información previamente existente u ofrecida en el momento acerca de los otros actores. Así, mis expectativas y cuidados hacia mi interlocutor dependerán de la forma en que él se presenta, es decir, voy a esperar determinados comportamientos de alguien que ya mostró ser un fanfarrón, por ejemplo. Como uno conoce al otro a partir de las definiciones que él da de sí mismo, la forma en que esto se da en una red virtual, en la cual el conocimiento del otro es aún más dependiente de una definición de su personalidad, la autopresentación tendrá un peso sin duda relevante. La generación de confianza, necesaria para solidificar las bases de la interacción social, se debe dar a partir de pautas propias a ese medio virtual, tal como también lo señala Boyd (2008).

Retomando lo mencionado anteriormente, la autopresentación es un aspecto fundamental para generar lazos de confianza que, a su vez, son la esencia de lo que llamamos capital social. Diversos autores han hablado de capital social, aunque ese concepto haya tenido un mayor desarrollo y profundización en las últimas décadas del siglo pasado, partiendo de Pierre Bourdieu (1983), quien primero lo definió como "el agregado de los recursos reales o potenciales vinculados a la posesión de una red duradera de relaciones más o menos institucionalizadas de conocimiento o reconocimiento mutuo".

En lo que se refiere a la relación entre redes sociales *online* y el capital social, es importante mencionar el trabajo de Recuero en Brasil acerca del Orkut. La autora intenta abordar la creación de capital social en esa red, pero sin demasiada profundidad, pues más bien lo que hace es describir las redes existentes dentro del Orkut. Según ella, éste se caracteriza por la predominancia de un "capital social relacional", definido como aquél que comprende a la suma de las relaciones que conectan un individuo a una red (Recuero, 2006). Esta conclusión resulta poco ambiciosa cuando no tautológica. Además, ella señala que el Orkut no demanda la inversión para obtener capital social, pues éste está al alcance de la mano o del *mouse*, principalmente en lo que se refiere a relaciones y conocimiento. Eso no parece tener en cuenta que el individuo que participa de la red hace elecciones desde el mismo momento que decide sumarse a ella. Como veremos más adelante, la inversión se da y tiene que ver con esas elecciones relacionadas con la autopresentación del individuo.

No podemos dejar de mencionar tampoco el trabajo sobre Facebook de Ellison, Steinfield y Lampe (2007) de la Michigan State

University, *The Benefits of Facebook 'Friends: Social Capital and College Students. Use of Online Social Network Sites,* en el cual se analiza justamente el modo como Facebook ayuda a los jóvenes estadounidenses a mantener contacto con sus colegas de la universidad, al tiempo que les permite aprovechar oportunidades laborales que puedan surgir a partir de dichos contactos. La conclusión es simple: las personas se benefician manteniendo sus vínculos y Facebook los ayuda en esta misión. Pese a que abunden las opiniones en blogs sobre el tema, no encontramos estudios con un abordaje desde las ciencias sociales realizados en Argentina o en Brasil sobre el fenómeno.

En tanto capacidad de movilizar o activar recursos, el capital social, principalmente en un nivel individual, es la realización de una estrategia de concreción de objetivos. Éste es el aspecto que vamos a estudiar en este trabajo, desechando en principio la perspectiva más macro, como la analizada por Putnam (2000), que afirmó que el descenso de la participación comunitaria en Estados Unidos, por ende a menor capital social, producía también una decadencia de la democracia en aquél país, que estuvo marcada por la participación en asociaciones. Aquí nos centraremos en el abordaje propuesto por Nan Lin (2001), que da margen a un enfoque individual que nos resulta acertado, porque las redes sociales virtuales que estudiamos son una interfaz de autopresentación individual según el objetivo del individuo, sea mantener el capital social que tiene o conseguir más. Éste es el aporte más interesante de la teoría de Lin, tal como veremos más adelante.

A partir de estos tres enfoques presentes en las discusiones académicas (redes sociales virtuales, autopresentación y capital social) iniciamos nuestra investigación, buscando relacionar los diferentes conceptos y suplir la ausencia de información principalmente en lo que se refiere a los estudios de estas redes en Brasil y Argentina.

5. Pautas generales de la teoría del capital social

La teoría del capital social nos pareció especialmente adecuada para analizar las redes sociales porque parece juntar dos aspectos fundamentales de lo social: la estructura y la acción individual. Si bien la estructura social impone límites, el actor social también dispone de espacio para emprender acciones individuales exitosas para lograr su objetivo. Por expresarlo de forma más concreta, una persona de clase más baja también dispone de mecanismos (individuales) para lograr, por ejemplo, un puesto de trabajo o el ascenso social que quiera. En última instancia, entonces, la movilización correcta del capital social va a depender de una capacidad individual. Las redes sociales parecen un ámbito propicio para ver cómo se desarrollan los intercambios y las interacciones y hasta qué punto "un millón de amigos" implica el "y así más fuerte poder cantar" de la canción.

Nan Lin (2001) define el capital social de modo profundamente atado al concepto de "capital" en el sentido económico clásico o marxista. Generalmente considerado como un bien o un recurso, Lin especifica que el *capital* es una inversión de recursos, que se lleva a cabo a través de relaciones sociales, teniendo en cuenta el tiempo y el esfuerzo empleado, de la cual se espera obtener ciertas ganancias. El objetivo de la inversión en capital siempre será el de obtener ganancias en un determinado mercado (financiero, cultural o social). En este sentido, las redes sociales, al motivar mayor capital social, pueden llevar a la movilización de capital social, sea para conseguir trabajo, apoyo o una ayuda. Lin hace un cambio hacia un nivel más micro, que explica cómo los actores se comportan, pero sin dejar de lado el nivel macro, que va a imponer las constricciones y las aperturas para la acción. Eso sigue la línea del trabajo de Bourdieu (1999), según el cual "el capital, que, en sus formas objetivadas o incorporadas, lleva tiempo para acumular y que, en tanto capacidad potencial para producir ganancias y reproducirse en una forma idéntica o expandida, conlleva una tendencia a persistir en su carácter, es una fuerza presente en la objetividad de las cosas de forma que no todo es igualmente posible o imposible". Por lo tanto, los mismos conceptos utilizados para hablar del capital económico, como inversión, ganancia, ahorro, etc., son aplicados también al capital social.

¿Qué es lo específico del capital social? Primeramente, el capital social está *presente en las relaciones sociales*. Sin embargo, no cualquier relación social imbuye capital social, sino aquéllas que pueden ser movilizadas oportunamente para alcanzar recursos que van a permitir la consecución de un objetivo. Esas relaciones, además, están pautadas por la existencia de obligaciones, expectativas y confianza. Al hacerle un favor a B, A espera que su favor le sea retribuido, y B queda con la obligación (moral) de hacerlo. Coleman (1988) dice que B adquiere, en esa relación, un "*credit slip*" (cupón de crédito) a su favor. Obviamente, uno sólo va a hacer un favor si confía que habrá reciprocidad, aunque no sea inmediata o en los mismos términos. La confianza aquí es, de hecho, una condición *sine qua non*, que debe existir tanto entre individuos como en el sistema o estructura social en tanto proveedora de normas y sanciones que ejercerán una forma de presión hacia la reciprocidad.

Para invertir en capital social, un individuo tiene que obtener la mayor cantidad de cupones posible y desde la mayor diversidad de personas. Difícilmente una sola persona tendrá tantos recursos para ofrecernos, y más nos sirve tener acceso a diferentes personas para una mayor diversidad de recursos. Así, el recurso del otro es el capital social de uno, pero no el recurso de cualquier otra persona, sino de aquéllas con las que uno entabla relaciones de confianza. Eso podría explicar en cierto sentido la ventaja de acumular amigos indiscriminadamente en las redes.

Hay unanimidad entre los teóricos respecto a los beneficios del capital social: cuanto mayor el capital social de un individuo o de una comunidad (en tanto redes de relaciones que poseen recursos a los que uno accede a través de las relaciones sociales) mayor será la probabilidad de éxito en una acción emprendida. Hay una conclusión obvia de eso: si un individuo sólo tiene determinados recursos, al relacionarse con otros, la cantidad de recursos a su disposición aumenta.

El aspecto más interesante del análisis de Nan Lin es la relación que él establece entre la estructura social y la acción individual a través de la movilización de capital social, en tanto un enlace básico entre ambas. Los recursos del capital social están atados a la estructura social y ésta tiene configuraciones específicas que van a determinar no sólo los recursos disponibles para uno, sino también las formas posibles (y legítimas) de realizar inversiones e incluso el tipo de ganancias obtenidas. No obstante, la estructura también es habilitante y permite que la acción individual no sea mera actuación de pautas socialmente aceptadas, sino que se desarrolle creativamente y según objetivos propios. En el caso de las redes sociales virtuales, la estructura (que es la red misma) permite a todos los miembros ponerse en contacto con el resto para poder conseguir sus propios objetivos.

Pasamos a abordar ahora algunas diferencias claves presentes en las discusiones teóricas acerca del capital social[14]. Una diferencia que aparece muy a menudo se refiere a la accesibilidad al capital social: ¿son los individuos o los grupos los que tienen acceso al capital social? Refiriéndonos a algunos de los clásicos en el tema, diversos teóricos han otorgado preponderancia a unos o a otros. Bourdieu (1999), por ejemplo, ha centrado su análisis en el individuo afirmando que el capital social es una forma de conseguir mayor capital cultural y, en última instancia, capital económico, pero que para aumentar el capital social el individuo debe realizar inversión de recursos económicos y culturales.

Por otro lado, con Putnam (2000) el capital social se volvió un bien referido a las naciones o comunidades y a la participación cívica y comunitaria en general. Para él, en una sociedad con mayor participación y con redes sociales más densas se desarrolla mayor confianza, solidaridad y tolerancia, permitiendo su crecimiento en todos los niveles. De hecho, afirma que "una sociedad caracterizada por una reciprocidad generalizada es más eficiente que una sociedad desconfiada" y también que lo que produce eso es la interacción frecuente entre personas.

A su vez, Coleman (1988) habló de capital social tanto como posesión por parte de individuos como de agrupaciones de individuos (organizaciones, etc.) y que el intercambio de recursos entre pares adquiría una forma de intercambio de regalos, estableciendo expectativas y obligaciones con respecto a la acción del otro que se encargará de retribuirla a uno, para que no se rompa la confianza. Para él, el capital social siempre conlleva elementos estructurales que facilitan la acción de los actores (individuales o colectivos) para que alcancen sus metas dentro de la estructura. Lo que es clave para él es que el capital social es definido a través de su función, pues son recursos útiles para que los actores logren la consecución de sus metas.

Existe otro aspecto en el trabajo de Coleman sobre el cual prevalece la disensión entre los teóricos. Para él, el capital social está presente en redes de relaciones densas o cerradas, justamente por prevalecer allí relaciones pautadas por obligaciones, expectativas, normas y confianza.

---

14   Un ámbito dentro el cual hay discordancias profundas concierne a las dificultades de operacionalizar el capital social y, cuando se considera posible, cómo hacerlo. Diversos métodos han sido desarrollados y probados (siendo los generadores de nombres y de posiciones los más difundidos), pero todavía no existe un consenso. No abordaremos esta cuestión aquí pues va más allá de nuestros objetivos y daría, de por sí, para llenar unas cuantas páginas. Para ver algunas discusiones al respecto: Forni et.al., 2004; van der Gaag, 2005; Flap, 1994, y también Lin, 2001.

Putnam va a estar de acuerdo con él hasta el punto de afirmar que la pérdida de relaciones de vínculos fuertes entre los estadounidenses ha llevado a la disminución del capital social a nivel nacional y a una decadencia de la democracia. Para Bourdieu, lo más importante es que haya varias relaciones presentes: "el volumen del capital social que un agente determinado posee depende del tamaño de la red de conexiones que puede efectivamente movilizar y del volumen de capital (económico, cultural o simbólico) que posee cada uno de los que a él están conectados" (Bourdieu, 1983).[15]

Por otro lado, Granovetter (1973) y luego Burt (2000) han demostrado que lo que permite que los vínculos entre individuos favorezcan los resultados de una acción emprendida (como por ejemplo una búsqueda laboral) no es solamente la cantidad de personas a las que dicho individuo está vinculado, sino la forma en que se dan esos vínculos. Granovetter habló de la fuerza de los vínculos débiles que Burt, más tarde, reelaboró y denominó "agujeros estructurales". Lo que dicen es que las relaciones con personas menos cercanas permite el vínculo del individuo con diversos grupos diferentes de forma que hay menos información repetida o superposición de recursos.

A partir de esas semejanzas y diferencias entre teóricos, las definiciones del concepto de capital social han variado y valorado aspectos diferentes. Nos quedaremos aquí con la definición de Lin (2001) por ser la más general, abarcando las diferentes perspectivas, y la que nos va a permitir abordar los elementos claves de la teoría del capital social. Su definición es bastante directa: el capital social es "*la inversión en relaciones sociales con el objetivo de obtener ganancias en el mercado*", siendo también recursos presentes en redes sociales que son accesibles y utilizados por los individuos en sus acciones. Las claves aquí son las siguientes: esos recursos están atados a las posiciones específicas que los individuos ocupan en la estructura social; las relaciones sociales también se dan en función de esas posiciones – Lin va a afirmar que los individuos tienden a relacionarse con personas que se encuentran en posiciones cercanas a las suyas en la estructura; los recursos son valorados y movilizados mediante esas relaciones sociales, siguiendo pautas y normas apropiadas; al movilizar los recursos, los actores buscan obtener ganancias en el mercado, es decir, aumentar su capital social o mantener el que ya tienen.

---

15   A su vez, menciona también que "la red de relaciones es producto de estrategias de inversión, individuales o colectivas, consciente o inconscientemente dirigidas a establecer o reproducir las relaciones sociales que son directamente útiles a corto y largo plazos". Ahí vemos como en su análisis prevalecen las determinaciones estructurales.

Lin dice que los actores que movilizan los recursos pueden ser individuales o colectivos. En realidad, las *estrategias de movilización* del capital social para individuos o para grupos serán diferentes, porque manejarán diferentes niveles de informaciones, tiempos e incluso objetivos, aunque la *función del capital social* sea exactamente la misma para ambos. En este trabajo, optamos por analizar estrategias de movilización enfocando más el aspecto individual, aunque muchos comentarios servirán igualmente para actores colectivos.

Estamos de acuerdo con Flap (1994) en que realmente los enfoques de Bourdieu/Coleman y de Burt respecto a la estructura de las redes no son mutuamente excluyentes. Él dice que Burt habla de situaciones en las que los actores pueden alcanzar sus objetivos a través de la competencia con otros, mientras Bourdieu o Coleman hablan de cómo los individuos pueden mejorar sus situaciones a través de la cooperación. Además, "el hallazgo principal es que, no es tanto el número de personas listas para darnos una mano ni tampoco la cohesión dentro de la red, sino que los recursos de las personas dentro de nuestra red representan el capital social crucial para lograr un buen puesto de trabajo". Por eso, los individuos seguramente pueden aprovecharse de sus redes sociales densas y éstas serán esenciales para objetivos de expresión o emoción, como compartir opiniones o sentimientos, o lo que Lin denominará *acciones expresivas*, pero las relaciones de puente y los vínculos débiles serán esenciales para el flujo dinámico de informaciones y mayor acceso a una diversidad de recursos más amplia, favoreciendo las *acciones instrumentales*, según los términos de Lin. Idealmente, los individuos deberían aprovechar ambas situaciones, pues no es ni sólo una ni sólo la otra lo que provee el acceso a más o mejor capital social.

Así, podemos diferenciar dos aspectos del capital social que están siempre presentes, como enfoques diferentes. Por un lado, está el *aspecto cognitivo* del capital social, que se refiere a las normas, obligaciones y expectativas en las que se basa la confianza. La necesidad de enfatizar ese aspecto es clave tanto para los actores individuales como para los colectivos, porque la confianza está basada en pautas cognitivas de la acción social interpersonal y grupal. Por otro, el *aspecto estructural* del capital social se refiere a la configuración de las redes de relaciones dentro de la estructura social. Las estrategias de movilización del aspecto estructural del capital social tienen que ver con las opciones de vínculos, de conformación de redes y de participación en grupos y redes sociales.

La estructura va a determinar las posiciones iniciales de los actores y la forma en que los recursos son valorados. Eso sin duda presenta constreñimientos para la acción pero, por otro lado, la configuración estructural también va a permitir que los actores, a través de redes e interacciones, accedan a los recursos. Es decir, a través de sus acciones el actor hace frente a los constreñimientos y a las flexibilidades que la estructura social le impone.

Además, esos recursos adquieren un valor que difiere según situaciones histórico-geográficas. Giddens (1984) considera que en la estructura hay una combinación de procesos de significación, dominación y legitimación, aspectos que también son claves para la comprensión del capital social, pues en la elaboración de su estrategia de movilización del capital social, los individuos estarán constantemente produciendo y reproduciéndolos, con el objeto de conformar la estructura. El capital o recursos (económicos, políticos o simbólicos) adquieren valores específicos, mediante procesos de significación y legitimación, a lo largo de un periodo de tiempo, que están, a su vez, pautados por instancias de dominación. En el proceso de significación, los actores otorgan valores a los recursos y también a sus propias acciones a través de la comunicación, en la cual se crean y reproducen los símbolos.

Hay que remarcar algo clave: los actores tienden a otorgar mayor valor a lo que ya está previamente valorado como bueno: uno va a anhelar determinado puesto laboral porque cree en lo que representa en términos de *status*, poder, preferencias, pero además, esos valores son dados socialmente. Por eso, para diversos autores (como Bourdieu, Giddens y Lin), la acción y la reproducción de la estructura social ocurren concomitantemente. Eso también sucede en las redes sociales virtuales, pues existen valoraciones en relación a la cantidad y el tipo de amigos en las listas, a qué poner o no en las definiciones de los perfiles, etc.

La proximidad de posiciones en la estructura social vuelve más probable que se entablen relaciones entre pares (relaciones homofílicas), debido al flujo dinámico de informaciones, a la influencia que las redes ejercen en los decisores, a que la identidad y la pertenencia se ven reforzadas generando una mayor confianza. Así, los individuos se vinculan con personas con gustos, estilos de vida y nivel socioeconómico parecidos al suyo. De hecho, las redes sociales en las que un individuo se encuentra presente desde el nacimiento, es decir, los contactos que posee a través de su familia nuclear y luego de la escuela primaria, etc., van a determinar definidamente las nuevas configuraciones de redes que va creando a lo largo de su vida. Vamos a denominar "capital social de unión" a aquél que existe en relaciones socialmente estrechas, basadas en relaciones homofílicas, ancladas en puntos de coincidencia heredados o creados como resultado de compromisos duraderos (incluso para toda la vida) y un contacto personal frecuente. Se caracteriza por intensos sentimientos de conexión que pueden incluir sentimientos de preocupación, afecto e interés por el otro.

Las configuraciones de la estructura social van a ser cruciales en lo que se refiere a la distribución de capital social y van a pautar, desde un principio, el hecho de que hay una desigualdad ineluctable. No obstante, la acción individual se encargará de minimizar sus efectos a través de la formación de redes de relaciones y del acceso y la movilización de recursos presentes en la estructura. Por eso, la estructura es constrictiva y habilitante a la vez. Es importante mencionar que la configuración de la estructura social difiere de la configuración de las estructuras de las redes sociales, porque éstas son conformadas a partir de la acción individual aunque, sin duda, a partir de las pautas estructurales. Entonces, el individuo puede optar por pertenecer a redes de relaciones cerradas o abiertas, valorar relaciones homofílicas o heterofílicas, es decir, estructurar sus redes según mejor le convenga. Por supuesto, es discutible hasta qué punto variables psíquicas no influyen en la facilidad del individuo en relacionarse con otros, pero esto va más allá de nuestros propósitos y, por ahora, enfocamos la libertad de acción de los individuos para elegir estrategias que les permiten hacer frente a las aperturas y cierres de la estructura.

Así los actores llevan a cabo *estrategias* para *mantener sus recursos o para adquirir otros o más recursos* y, según Lin (2001), ésta es la motivación esencial de los actores sociales. A través de las *estrategias de capitalización social*, los recursos presentes en la estructura se convierten en capital social.

Los recursos disponibles a los actores pueden ser personales (sobre los cuales tienen control absoluto, pueden venderlos, intercambiarlos o heredarlos, incluyendo el capital humano; sin embargo, esos son los más escasos) o sociales. Éstos componen el capital social y están disponibles a través de conexiones sociales directas o indirectas e incluyen, también, a los recursos de los otros actores presentes en la red social. Esos recursos pueden ser bienes o riquezas, poder o influencia social, reputación, etc.); algunos de ellos pueden ser movilizados para fines específicos (como conseguir a alguien que le arregle la computadora), pero otros pueden tener una *utilidad simbólica*, que es un otorgamiento de valor superior al actor simplemente por tener determinado recurso en su red (como tener gente "bien" en la lista de contactos, tener muchos amigos, gente que trabaja en empresas importantes o que se graduó en universidades extranjeras). Si por un lado la adquisición de capital social implica, en última instancia, la posibilidad de convertirlo en capital económico, por otro, garantiza a uno cierto capital simbólico, es decir, distinción, que "no es otra cosa sino el capital, en cualquiera de sus formas, cuando percibido por un agente dotado de categorías de percepción resultantes de la incorporación de la estructura de su distribución, es decir, cuando conocido y reconocido como algo obvio" (Bourdieu, 2003).

Como mencionamos anteriormente, las dos motivaciones principales a la acción son el *mantenimiento de los recursos con los que uno cuenta* o *la búsqueda de recursos adicionales*, para las cuales Lin (2001) designa dos tipos de acciones, respectivamente, las *acciones expresivas* y las *acciones instrumentales*. Las primeras están caracterizadas por buscar el reconocimiento de los derechos que uno tiene sobre determinados recursos o de compartir los sentimientos de uno (lo que implica, a su vez, el reconocimiento de la posición de uno en la estructura). Esas acciones son en sí mismas los medios y los fines y son no sólo las más frecuentes, sino también las más placenteras, por darse entre personas con intereses, estilos de vida y actitudes similares. El principio de homofilia es, por ende, esencial. Algunos ejemplos de acciones expresivas pueden ser un mensaje privado a un amigo para contarle de una situación complicada, una nota en el *scrapbook*, o un comentario en un álbum de fotos para entretenerse, entre otras.

Las *acciones instrumentales*, que anhelan recursos adicionales, implican llevar a cabo estrategias más o menos conscientes para aumentar los recursos al alcance del actor, tales como actividades educativas para el desarrollo personal o acciones de movilización de capital social. Es una acción con medios y fines diferenciados. Las estrategias pueden ser individuales o a través de la unión en grupos o redes que comparten un objetivo común para la acción. Así, un grupo de gente que tiene una preocupación común, como podría ser una enfermedad determinada, puede armar una comunidad e intercambiar información sobre la misma; otro caso podría ser el de alguien que necesita contactarse con un miembro de la red de otra persona y le pide a éste que genere un contacto entre ellos.

Asimismo, es muy común que las acciones instrumentales impliquen, además, acciones expresivas, pues para movilizar recursos a través de las relaciones sociales, es importante que los otros siempre tengan presente el valor de los recursos que uno tiene y también el merecimiento legítimo de obtener mayores recursos.

El principio de la *homofilia* es lo que prevalece en la interacción social en general y principalmente cuando nos referimos a las acciones expresivas. Otros autores (Putnam, 2000), lo denominan "capital social de unión". En las redes sociales, por ejemplo, las personas se juntan inicialmente con los que ya conocen. El problema implícito en las interacciones entre pares, con características similares, es que es muy probable que compartan recursos o informaciones, habiendo una superposición de recursos. No obstante, cuando el actor tiene como objetivo aumentar sus recursos, esa superposición puede ser contraproducente y las relaciones heterofílicas resultan más apropiadas para la consecución de sus fines, aunque seguramente demanden mayores esfuerzos. Las relaciones heterofílicas están pautadas por diferencias en términos de recursos y la opción por ellas se da también por lo que Lin llama *efecto de prestigio*, basado en la utilidad simbólica de los recursos, que muestra que los actores prefieren relacionarse con personas con *status* social un poco por encima del suyo (lo que no quiere decir que eso realmente ocurra más allá de las preferencias). Por lo tanto, las relaciones heterofílicas son más comunes en las acciones instrumentales, pues si uno interactúa con individuos en posiciones más altas de la escala jerárquica, lo que implica tener acceso también a más recursos, la posibilidad de éxito es más segura.

¿Quiénes tienen mayor probabilidad de tener más capital social? Una respuesta obvia, en función de lo que ya hemos visto, sería que son los individuos que ocupan las posiciones más altas en la estructura social. En eso, una posición inicial ventajosa (tanto proveniente de los padres o de la familia como de recursos alcanzados a través de roles sociales) va a garantizar mayor acceso a capital social, pero es importante que el intermediario (es decir, el individuo que será accionado o movilizado para proveer el recurso) tenga acceso a más recursos que uno mismo.

En primer lugar, un individuo que posee vínculos fuertes de amistad o que participe en redes densas tiene mayor probabilidad de que una acción expresiva emprendida tenga resultados positivos en función de la fuerza de esos vínculos, dado que ello implica una mayor intensidad y frecuencia de la relación y, consecuentemente, mayor reciprocidad. Además, en una red densa hay un control simbólico para que un favor otorgado sea retribuido. Son varios los autores que se refieren a la importancia del vínculo fuerte para que el capital social tenga efectos positivos sobre la acción (Bourdieu, Putnam, Coleman, Portes, entre otros), como hemos visto.

Asimismo, como dice Flap (1994), el hombre no es una isla, y sus mayores logros se dan a través de las vinculaciones sociales. Sin embargo, no es a través de una gran cantidad de vínculos que sus logros pueden ser alcanzados de la mejor forma, como parece suponer Bourdieu (1983). Tampoco solamente mediante los lazos fuertes de amistad. De hecho,

Granovetter (1973) afirma que la fuerza de los lazos débiles reside en que cuando las relaciones de uno tienden a ser homofílicas, los recursos se repiten y superponen; así, por ejemplo, un grupo muy unido de amigos puede tener acceso a las mismas informaciones acerca del mercado de trabajo. Por otro lado, los lazos débiles tienen la ventaja (particularmente en las acciones instrumentales) de tender puentes hacia redes diferentes a las de uno, que pueden, así, proveer recursos e informaciones diferentes a las que están en la red de lazos fuertes. El capital social generado por ese tipo de relación se llama, justamente, "capital social de puente" (Putnam, 2000). Por ende, los lazos débiles vienen asociados a recursos heterogéneos y dispares. Si bien eso no garantiza que una relación de puente se dé entre un individuo y otro con más recursos que él, seguramente garantiza una mayor diversidad de recursos.

Obviamente, sólo con encontrarse en una posición cercana a un agujero estructural no es suficiente. Para que el capital social afecte positivamente una acción emprendida, facilitando el acceso a recursos mejores de los que tiene uno, es importante que ese puente vincule recursos diferenciados.

Al hablar de estrategias de movilización de capital social, nos referimos a las acciones principalmente basadas en decisiones de individuos y dejamos de lado las movilizaciones colectivas. La idea aquí es muy sencilla: ¿qué hace el individuo que necesita movilizar su capital social para que su acción tenga éxito?

Hasta ahora, vimos que los individuos con más capital social tienen más posibilidades de alcanzar sus objetivos (Flap, 1994; Lin, 2001). Una estrategia simple en este caso puede ser contactar a otro actor que posea más recursos que uno y que puedan ser útiles para la consecución de una acción determinada. Con ello influye la posibilidad de contactar a un intermediario que no sólo tenga más recursos, sino también que esté dispuesto a interceder por uno. La posición superior que ese intermediario ocupa en la estructura le garantiza también una mejor perspectiva de la misma, es decir, acceso a más informaciones.

Más allá de las tácticas estrictamente personales para movilizar capital social (una nota en el *wall to wall* o en el *scrapbook*, hacerse fan de una persona o de un emprendimiento ajeno), hay dos aspectos claves que deben darse en cualquier acción expresiva o instrumental: la importancia de la confianza y de una autopresentación adecuada. No puede haber relación social (con vínculos fuertes o débiles) sin un mínimo de confianza. A su vez, para que se dé la confianza, una autopresentación adecuada es condición *sine qua non*. En el caso del capital social, esto es aún más importante porque las relaciones serán movilizadas para obtener o proveer recursos.

Para realizar cualquier acción expresiva o instrumental, es fundamental que los actores generen y mantengan cierta confianza[16]. Ésta es una condición básica no sólo de la acción humana individual, como se ha demostrado desde diversos estudios sociológicos y psicosociales, sino además de la interacción y de la acción social.

Generar confianza es una de las bases fundamentales de la *autopresentación* y uno de sus principales objetivos, intrínsecamente vinculados al capital social. Luhmann señala que "todo actor es experimentado por los otros (...) y él siente eso, conoce las implicaciones simbólicas y el valor expresivo de toda su acción e inacción (...) y así, más o menos conscientemente, mide su comportamiento en la debida forma" (1996). En este punto, la teoría de Luhmann se acerca a los planteos de Goffman acerca de la presentación del yo. Aunque tácitamente, se sabe que la forma que uno se presenta, en términos de gestuales, descripción de uno mismo, forma de hablar (elección de términos, de un lenguaje más o menos pulido, etc.), incluso de la vestimenta y adornos, afecta el modo en que el otro nos percibe. Asimismo, hay muchos rasgos que uno deja entrever más allá de lo que uno quiere trasmitir.

Si un individuo quiere que todos lo vean siempre como confiable, tiene la *obligación* de mantener cierta coherencia en su autopresentación a lo largo del tiempo. La autopresentación que uno elige mostrar, por ende, también impone ciertos constreñimientos relacionados a esa necesidad de coherencia. "El que confía ejercita un *control simbólico* a corto plazo de su confianza, lo cual hace que cualquier discrepancia a largo plazo entre la apariencia y la realidad sean excepcionalmente tediosas para la persona a quien la confianza es otorgada para mantenerse, y así como regla general, sin recompensa" (Luhmann, 1996). Se puede ganar la confianza del otro a través de una autopresentación engañosa, pero sólo se puede mantenerla mientras se sostenga también el engaño. La alerta debe ser constante, generando, entonces, un alto costo para esa elección.

Asimismo, las estrategias para generar o mantener la confianza deben ser reconocidas socialmente y fácilmente comprendidas. Para Bourdieu, por ejemplo, la forma en que uno se muestra va a reproducir las pautas de su grupo, valorando como positivos los aspectos

---

16   Si bien hay autores que casi igualan los conceptos de confianza y capital social, debe quedar claro que la confianza es un aspecto intrínseco a la posibilidad de realización de acciones expresivas o instrumentales.

característicos de ese grupo y como negativos los de los otros. La reproducción de la estructura se da también en esa instancia.

La teoría goffmaniana de autopresentación comprueba una y otra vez la hipótesis de Lin que afirma que la motivación para la acción individual es el mantenimiento o la adquisición de más capital social. Goffman, a su vez, y de forma bastante semejante a lo que dice Lin, afirma que "los individuos actúan para impresionar a los otros de alguna forma" (1990), pero una diferencia clave que se puede señalar es que, como dice el primero, hay dos tipos diferentes de expresiones: las que uno da, fundamentalmente verbales, y las que uno deja entrever a través de sus diferentes acciones. Su teoría se va a basar principalmente en este segundo tipo de expresión.

En el cotidiano, los individuos interactúan según la información previamente existente u ofrecida en el momento acerca de los otros actores. Así, si sé que mi interlocutor es dado a mentiras, voy a tener determinadas expectativas con respecto a él. Lo mismo ocurre con la cantidad de variables que manejamos acerca de la otra persona, su profesión, origen social, nacionalidad, nivel educativo, sólo por mencionar algunas. En verdad, uno llega a conocer al otro solamente mediante las definiciones que él da de sí mismo, tanto verbalmente como por la postura que adopta frente a las situaciones. Por eso, el actor va a desvelar la información acerca de sí mismo según su interlocutor, manteniendo el control sobre determinados aspectos de su comportamiento. Una persona puede actuar de diferentes maneras ante su jefe, su amigo, su familia o frente a extraños. La decisión de revelar o no ciertos rasgos de su identidad muestra también la adecuación social del actor al actuar de modo que tenga en cuenta a su público.

Para describir esa interacción social, Goffman utiliza toda una terminología teatral, refiriéndose al actor como el que lleva a cabo una *performance*, desempeñando determinados roles según su público. Él define una *performance* o actuación como "cualquier actividad de un participante dado en una determinada situación que sirve para influenciar al otro participante de alguna forma" (1990). Podemos dar un breve salto teórico y decir que para mantener el capital social o para adquirirlo, el individuo va a interactuar con otros con el fin de generarles confianza, tanto para mantener sus vínculos como para conseguir recursos a través de ellos. Por lo tanto, aquí está la clave del capital social a nivel individual: *la importancia de la autopresentación para lograr la confianza que le va a permitir al actor movilizar los recursos cuando le sea conveniente.*

Esa *performance* es llevada a cabo según estándares preestablecidos (rutinas), de modo que actuar de manera imprevisible o contraria a lo que se espera puede conducir a sanciones poco interesantes a los que quieren lograr o asegurar la confianza del otro. A su vez, esa rutina es llevada a cabo mediante una postura, que es la parte observable de la autopresentación, y que demuestra una información bastante general y abstracta, pero suficiente para dejar transparentar los datos fundamentales para que el otro pueda otorgar significaciones al papel que está siendo actuado. Así, el individuo va a dar un mayor énfasis dramático a los aspectos determinados que él quiere expresar, mientras deja otros ocultos (en el caso de las redes sociales virtuales parece evidente que las personas muestran sus aspectos "más bonitos", las fotos de sus vacaciones, de las fiestas donde fueron, de sus amigos, etc.). Por todo eso, Goffman afirma que las primeras impresiones sí son importantes porque los rasgos que el otro desvela tienen también un carácter moral que lo fuerzan a actuar de determinada forma, pero también impone que los otros lo traten de cierta manera. Por lo tanto, un individuo que actúa apropiadamente, siguiendo todas las pautas esperadas de comportamiento, puede indignarse al ser tratado con desconfianza o al tener un pedido de favor negado.

Obviamente, en busca de un beneficio propio (aunque Goffman no asuma esa perspectiva), el individuo puede preferir usar una máscara, representando un papel diferente de lo que realmente cree. El cinismo (Goffman señala que no es una cuestión de burla o maldad) puede ser útil también para la convivencia en comunidad. Un ejemplo de eso puede ser dar una opinión positiva acerca de una foto de alguien para quedar bien, o se fan de alguien o miembro de una comunidad porque está socialmente bien visto.

La importancia de actuar con el fin de lograr la confianza, para que se pueda mantener o movilizar capital presente en la red social, implica no sólo saber adecuar la actuación según el interlocutor, el lugar, etc., sino también poder mantener actuaciones disímiles de la forma más coherente posible. Las discrepancias entre diversas apariencias o actuaciones de un individuo pueden ocurrir, por ejemplo, cuando uno realiza actividades ilícitas o que, por el motivo que sea, deban ser ocultadas de los otros. Lo mismo ocurre en la creación de diferentes autopresentaciones inconsistentes de sí mismo, como puede darse en las presentaciones totalmente o parcialmente ficticias que uno mismo da en interacción con otros a través de la Internet. Los actores siempre van a intentar ocultar las acciones que contradicen su postura general y que ponen en jaque la confianza.

Para evitar que los interlocutores perciban posibles discrepancias (incluso entre la rutina presentada públicamente y la que uno guarda en sus ámbitos íntimos), los actores siempre buscarán dar la impresión de perfección e infalibilidad de su actuar, así los errores serán corregidos antes de la presentación pública. Además, se intenta mostrar que la rutina presentada es la única que existe o la más importante.

Lo más interesante es que los usuarios de las redes sociales virtuales serán conscientes de su autopresentación, aunque ésta no estará libre de discrepancias. Ellas son percibidas por sus compañeros y según la valoración individualmente otorgada a la red, las consecuencias pueden ser más o menos perjudiciales. El capital social aparecerá allí donde coinciden una autopresentación sin grandes discrepancias, una valoración positiva de la red como un todo y del perfil del otro, surgiendo también en redes amplias y tendentes a la heterofilia. Hemos podido observar, por lo tanto, como la teoría del capital social, juntamente con la de la autopresentación, es decir, todo el arsenal teórico explicado hasta aquí fue la clave para nuestra salida a campo, para lograr una observación basada en conceptos densos y ya ampliamente estudiados por los científicos que nos antecedieron.

6. Analizando las redes

El capital social existe en virtud de la presencia de relaciones. Éstas constituyen los canales a través de los cuales los "recursos" al alcance de una persona se vuelven disponibles para otra. A menudo, la interacción con otras personas se da de manera natural incluso con entusiasmo. De este modo, en la vida cotidiana, la creación, mantenimiento y uso del capital social, en muchas ocasiones, son procesos naturales y no aparecen tan explícitamente racionales e instrumentales como se puede leer en los textos teóricos sobre capital social. Es decir, diariamente, las personas se relacionan sin tener en cuenta lo que pueden obtener de esa relación o los recursos de los que podría disponer gracias a ella.

Es importante tener claro que no todos los lazos sociales implican capital social. Por ejemplo, no lo hacen las relaciones comerciales o de negocios dado que están sujetas a arreglos o contratos previos. Por lo tanto, para el estudio de este fenómeno, sólo tendremos en cuenta los *lazos personales,* aquellos que se mantienen por vínculos de reciprocidad y/o interés personal. *Los lazos sociales* son el primer elemento clave en la medición de este concepto.

El segundo elemento a tener en cuenta son las redes sociales, que van más allá de los lazos que un *ego* puede establecer con diferentes *alters*. Ellas implican las relaciones que establecen los *alters* con otros. Esto significa que los lazos de una persona pueden ser fuente de nuevos lazos, es decir, las relaciones a menudo aplican la ley de transitividad, "los amigos de mis amigos son mis amigos". Esto significa que, los *alters* no simplemente ponen a disposición sus propios recursos, sino que también se constituyen como un vehículo de acceso a otras redes y por lo tanto a otros recursos y capital social.

La estructura de las redes aparece como otro elemento a tener en cuenta. Ya se habló anteriormente de las redes conformadas por vínculos débiles y vínculos fuertes. En este trabajo tendremos en cuenta ambos tipos de estructuras de red, ya que darán cuenta de los tipos potenciales de capital social que las personas podrían generar y movilizar.

En relación a la movilización de capital social, Lin hace referencia a las acciones instrumentales y expresivas. Las primeras se relacionan con la creación e inversión en capital social, mientras que las segundas lo hacen con el mantenimiento del capital social existente.

Van der Gaag (2005), menciona dos factores económicos importantes en la formación de nuevas relaciones. En primer lugar, que la creación y el mantenimiento de las mismas involucra un costo; el tiempo y los recursos económicos son limitados e influyen sobre la expansión que puede alcanzar la red de relaciones de un individuo. En segundo lugar, que la inversión en relaciones sociales se atiene a la ley de los rendimientos marginales decrecientes; cuando un individuo ya cuenta con una variada red de relaciones es previsible un menor incentivo para seguir invirtiendo. Esto significa que el estado actual de la red de relaciones de un individuo es un factor importante en la formación y el interés por invertir en nuevas relaciones.

La "metáfora del capital" se desprende del hecho de que las acciones de creación y mantenimiento de relaciones se realizan para eventualmente cosechar beneficios, y es por eso que son vistas como una "inversión". De todas formas, esto no significa que siempre esas acciones sean deliberadas y orientadas hacia un fin específico, sino que a menudo los beneficios obtenidos suponen un efecto secundario de la relación.

El mantenimiento hace referencia al *"gasto de recursos con el objetivo de continuar con una relación establecida"* (van der Gaag, 2005). De acuerdo con Lin, el mantenimiento se lleva a cabo a través de *acciones expresivas*. A menudo, estas acciones no se realizan con intenciones específicas. En lugar de eso, el individuo se contacta con otros como un objetivo en sí, porque le da placer y no tiene otra intención que no sea la del contacto por sí mismo. De este modo, el capital social que emerge de este tipo de movilización es un sub-producto. Sin embargo, la inversión y el mantenimiento pueden realizarse intencionalmente, con el propósito de establecer o re-establecer vínculos perdidos a partir de un objetivo concreto.

Por otro lado, van der Gaag hace mención a un tercer tipo de vínculo y utiliza el concepto de "vínculos dormidos" (*sleeping ties*) que son aquellos que, si bien no forman parte de la red de relaciones principal de una persona, podrían ser movilizados para un objetivo específico.

Durante el trabajo de campo salió a la luz el hecho de que las redes sociales permiten incluir a personas con las cuales no tenemos ningún tipo de contacto o relación actual, y que incluso podemos visualizar los contactos del resto, y que éstos (tanto los propios como los ajenos) simplemente "están ahí". A este tipo de movilización, que aún no es tal, que es sólo potencial la denominamos "latencia" y hace referencia a los vínculos dormidos.

6.1 Analizando el Orkut

Al empezar a estudiar las redes sociales desde el ámbito académico, nos pareció esencial dejar explícitas nuestras posturas con respecto a ellas, porque nuestras propias definiciones y valoraciones como usuarias comunes salían a flote constantemente, mezclándose con las de los entrevistados, a veces alejándose y otras acercándose a la teoría de la cual partíamos. Las autoentrevistas fueron esenciales para que empezáramos el trabajo de campo conscientes de nuestra propia historia en la red, nuestros prejuicios e hipótesis personales. Para el estudio cualitativo con observación participante que realizamos, en el cual antes de empezar la investigación ya participábamos de la red y conocíamos mucho desde la práctica, sentarnos a elaborar nuestras propias historias nos ayudó a diferenciar momentos, valoraciones y cuestiones que podrían surgir en las entrevistas de campo.

6.1.1 Mi experiencia en Orkut: autoentrevista de Lucimeire

Mientras vivía en Argentina, en 2004, empecé a recibir las invitaciones de amigos brasileños para entrar al Orkut. Sin comprender mucho de qué se trataba, las rechacé todas, hasta que mi hermano me explicó al detalle en qué consistía y me dijo que en Brasil esa red era una fiebre absoluta. En esa época, sólo se entraba al Orkut con una invitación y yo recibía al menos una por día.

Me pareció interesante participar en una red así, primero, porque después de estar viviendo durante siete años fuera de mi país, era una oportunidad de contactarme nuevamente con gente que había perdido por el camino. Segundo, me interesaban todas las nuevas formas de movilización y cultura generadas por los nuevos medios de información y comunicación. Desde 1995 tenía Internet en casa y aprovechaba las ventajas del BBS, aunque no era una usuaria intensa. En 1998, ya en Argentina, empecé a usar el ICQ (I Seek You), primer programa de mensajes instantáneos con un boom que sólo fue superado por el MSN. A través del ICQ, que también había sido recomendado por mis amigos en Brasil, volví a tener contacto con algunas personas a las cuales no me hubiera sentado a escribir un e-mail para contarles de mi vida. El ICQ era una forma de contacto rápido y dinámico que el e-mail no permitía.

Cuando entré al Orkut, entonces, ya tenía una pequeña historia de utilización de herramientas sociales *online*. La diferencia del Orkut es que, a través del perfil, podías conocer cosas inusitadas de su vida, por las fotos exhibidas, las comunidades a las que pertenecía, etc. Muchas veces recibía mensajes acerca de alguna comunidad que tenía en la lista, o yo misma veía una comunidad en la página de un amigo y me sumaba a ella.

Un ejemplo de la utilización de esas comunidades, muy al principio, fue la creada por un viejo conocido mío, que se llamaba "Yo soy un tipo muy raro". Allí todos hablaban de sus rarezas, las muy comunes o las poco comunes. Éramos un grupo de unos cincuenta conocidos, algunos amigos cercanos y otros no tanto, que nos divertíamos con la rareza ajena. No obstante, esa comunidad era abierta y se fue volviendo cada vez más grande y con personas que comentaban nuestras rarezas pero que no nos conocían. Al final, todos nosotros salimos de allí y mi amigo creador transfirió la comunidad a otro dueño.

Al principio, mi círculo más cercano de amigos alcanzó rápidamente alrededor de sesenta personas y después su duplicaría a lo largo del año siguiente, cuando empezaron a sumarse los viejos compañeros de colegio y facultad que ni siquiera habían sido amigos cercanos antes pero que empecé a ver a diario en mi perfil.

Ese primer momento de juntar a las personas más queridas en la red fue sumamente gratificante. Al mudarse a otro país, uno pierde contacto incluso con personas muy queridas y el Orkut me permitió reencontrarlas. Ello resultó aún más importante cuando en el 2005 volví a vivir en Brasil, lo que facilitó muchísimo el contacto con las personas que ya conocía y las nuevas que fui conociendo.

Lo que me llamó la atención al volver a mi país es que en el diario, cuando salía el nombre de alguien no famoso, por el motivo que fuera, se indicaba su página en el Orkut. Cuando conocías una persona, rápidamente te preguntaba si tenías una cuenta en Orkut y si podía adicionarte. Además, por cierto, el Orkut era tema de las más variadas conversaciones, se hablaba de las comunidades que uno tenía, de lo que uno vio en el perfil de otro, de las ventajas y desventajas del Orkut.

A fines de 2005, me ocurrió algo interesante. Una práctica muy común en Brasil es la que se denomina el "amigo invisible", una ocasión para intercambiar regalos en ambientes de trabajo, escuela, familia, etc. Eso se hizo en mi escuela de yoga, un lugar pequeño y con unas 40 personas en el juego. Muchos se conocían de allí, aunque, obviamente, no todos. En el sorteo de los nombres, yo saqué el de una chica que nunca había visto. Lo primero que hice fue buscarla en Orkut y vi lo que le gustaba, sus hobbies, actividades, su foto, todo. En el día de la entrega de los regalos, cada uno tenía que describir a la persona que había sacado. Yo hice una descripción detallada, como si la conociera. La chica se fue asustando cada vez más, sin saber cómo yo podía saber tanto de su vida, y le dije: "Saqué todo eso del "Orkut". Después de esto, ella se quedó tan impresionada y asustada que cambió su perfil, quitó mucha de la información que había sobre ella y dejó de participar en varias comunidades.

Otra cosa destacable que me pasó tuvo que ver con mi participación en una comunidad reducida pero muy interesante acerca del escritor Juan José Saer. Seríamos unas veinte personas nada más, que hablábamos de su obra, lo que estábamos leyendo de él, etc. El moderador, un profesor del área de Letras en la Universidad Federal de Bahia, en Brasil, se volvió un amigo muy querido y después de eso nos hemos encontrado varias veces personalmente cuando él estuvo por São Paulo.

El Orkut me sirvió muchísimo también para obtener informaciones sobre cuestiones relacionadas con mi profesión de traductora. También en una comunidad muy activa y de gente muy interesante, aprendí acerca de las herramientas tecnológicas para la traducción, conseguí direcciones de agencias de traducción en Brasil e ideas que me ayudaron a crecer mucho en áreas nuevas de mi trabajo.

El único problema que tuve con el Orkut fue cuando una amiga, a través de su Orkut, estaba sufriendo el acoso de una ex novia de la que era su pareja actual, y esa chica empezó a enviarme mensajes a mí y a otros contactos de mi amiga, insultándola.

Yo salí del Orkut más o menos en esa época. Además, hubo un punto en el que todas las personas interesantes que yo había reencontrado ya habían pasado a mi MSN, y yo ya mantenía contacto cara a cara con ellas. Había demasiada gente que sabía de pequeños detalles de mi vida por Orkut que no me interesaba que supieran. Por otro lado, justamente para mantener todos los mensajes borrados, yo tenía que entrar a diario en el Orkut, era como tener la obligación de leer una segunda casilla de email, ya que todavía no existían las trabas que existen hoy. En general, sentí en cierto punto la saturación de lo que aquello tenía para ofrecerme y empezaba a recoger los malos frutos solamente.

No obstante, después de más de un año de haber salido, fui a una fiesta de despedida a la casa de una amiga. Yo había conocido a varios de sus amigos en otras fiestas antes y muchos de ellos estaban en mi página de Orkut. Después que salí de Orkut, perdí el contacto con ellos y, casualmente, mi amiga había dejado de hacer fiestas durante ese tiempo. Al reencontrarlos, todos me preguntaron: "¿Por qué saliste del Orkut? ¡Hace mucho que no te veo por el Orkut!", y cosas así. Eran personas con las que me llevaba bien, pero que yo había conocido a través de mi amiga, no eran contactos directos. Como mi amiga se despedía porque se iba del país, mi única forma de mantener el contacto con esas personas fue volviendo al Orkut.

Mi regreso coincidió, además, con la intensificación del proceso de esta investigación. No obstante, a pesar de los escasos dos años que pasaron desde que salí y hasta que volví, muchas cosas habían cambiado. Primero, surgieron todas las trabas que impiden que desconocidos vean las fotos y mensajes de un usuario; segundo, el Orkut hoy tiene aplicaciones similares a las del Facebook, que permiten que haya otro tipo de interacción entre los usuarios; tercero, y más importante, el Orkut dejó de ser la fiebre que fue al principio, ya no sale en los diarios ni es tema de conversación. Al principio, tener Orkut era como existir socialmente, ahora, tenerlo es como mínimo intrascendente, cuando no incluso retrógrado.

Más o menos en la época en la que salí, a principios de 2007, muchos de mis amigos también se "orkuticidaron", o hicieron un "orkuticidio", como se dice en la jerga. Muchos dijeron que era porque ya había "cualquier tipo de gente" allí y era lo mismo que yo sentía. Había demasiada gente entrando, de ámbitos sociales distintos y con mucha divulgación de propagandas a través de las páginas de mensajes. Es decir, el Orkut había dejado de ser una diversión para convertirse en un peso o un aburrimiento.

Desde que volví al Orkut, en junio de 2008, prácticamente no lo uso. Recibí las invitaciones para volver a las comunidades de literatura de las cuales participaba, pero no tengo la misma intervención que antes. Y no sé si volveré a tenerla.

Por otro lado, en agosto del 2007 entré al Facebook por invitación de un amigo que vive en España. Me pareció mucho más divertido que el Orkut, por el tipo de aplicaciones que tiene. Me gustó, por ejemplo, que se pudiera dibujar, dedicar canciones, buscar información acerca de cine y literatura, comparar gustos con tus amigos, y cosas así. Por tener la tecnología Web 2.0, con un formato de página mucho más dinámico que el Orkut, en los cuales sólo se podía llenar los datos y nada más, Facebook me pareció más interesante. Invité a varios amigos a participar, pero muchos me dijeron que no lo entendieron muy bien, que tenía un formato demasiado complicado, y que preferían el Orkut, que era donde estaba todo el mundo.

En Brasil, Facebook todavía es utilizado solamente por personas que tienen contactos con gente de Estados Unidos o Europa, mientras que el Orkut es utilizado por millones de brasileños.

6.1.2 Los tipos de Capital Social: ¿tendiendo puentes o manteniendo uniones?

El Orkut se empezó a usar masivamente en Brasil poco después de su lanzamiento. Motivados por la curiosidad acerca de una herramienta nueva de relación virtual, los brasileños se sumaran a la red con ímpetu y decisión de ser millones allí. Todos nuestros entrevistados, por ejemplo, entraron en el Orkut en el 2004 cuando recién empezaba el boom en Brasil y muchos dijeron que ni siquiera entendían para qué servía y sólo lo comenzaron a usar realmente varios meses después.

"Fue en el 2004, pero yo no lo usaba mucho… lo usaba muy poco porque yo no era muy ´internética´. En verdad, entré por la invitación

de un amigo mío. (…) Tardé en empezar a usarlo, tardé más de un
año, porque yo creo que fue algo de todo mundo entrar de repente.
Había mucho miedo de que te chusmearan y yo tenía esa resistencia.
Después me fui dando cuenta de que era una forma de mantener
contacto con las personas. Haces un trabajo y ya automáticamente
encuentras la persona en el Orkut, la contactas, mantienes el contacto."
(Lola)

Entrar en el boom también venía de una cierta imposición social
para estar en la red, un cierto "efecto de prestigio" del que habla Lin,
pues muchos dijeron cosas como "si no estás en el Orkut, no existes".
De hecho, el Orkut dejó de ser solamente un juego o un lugar de
encuentro para amigos y se transformó muy pronto en una herramienta
de localización de personas para los más distintos fines. Era fácil
encontrar allí personas que uno había conocido en algún momento. Este
es el ejemplo más obvio de lo que Boyd denomina "buscabilidad", o
posibilidad de búsqueda, como mencionamos anteriormente. El caso es
que la fama de Orkut se hizo más grande que la de cualquier otra red
virtual en Brasil. Diarios, revistas, televisión, todos los medios hablaban
de esa comunidad y los que tenían allí su página eran inmediatamente
remitidos a ella. No era nada raro ver el nombre de alguien en el diario y
luego una referencia al perfil "orkutiano".

Aunque entrevistamos gente entre los 27 y 37 años, al ser una
herramienta nueva de Internet en su momento, muchos entrevistados
dijeron que no sabían utilizar el Orkut al principio y que, incluso, usaban
pocas de las herramientas disponibles. En verdad, la construcción de las
herramientas de la red, así como su valoración por los usuarios se fue
construyendo con la historia de la utilización y el desarrollo de ambas a la
vez. Muchos afirmaron, por ejemplo, que al principio ponían todo (fotos,
descripciones, incluso teléfono) y con el tiempo vieron cómo se exponían
allí y poco a poco fueron ajustando lo que la herramienta les ofrecía a sus
propios intereses y objetivos.

Algo en común a todos los entrevistados es que, al principio, el
Orkut se presentó como una posibilidad de reencontrar personas que
uno no veía hacía mucho, ex compañeros de colegio, de trabajo, personas
que pasaron por la vida de uno. Había un flujo grande de búsqueda.
Todos los días al menos una persona o más te agregaba a su red. Al
reencontrar tantas personas, el uso también se intensificaba: se
intercambiaban mensajes, *scraps*, actualizaciones frecuentes de las páginas,
etc. El Orkut al principio parecía una guía de teléfonos con fotos y en

constante movimiento y el pasado de uno era reconstruido brevemente a través de un contacto.

Lo que pudimos observar es que, desde siempre, para los entrevistados, lo que prevalecía en sus listados eran personas con las que habían tenido algún contacto en algún momento de sus vidas: ex-amigos, conocidos, ex compañeros de trabajo, de la facultad, del colegio, gente que conocieron una sola vez, amigos de amigos. Muchos dijeron que menos del 30% eran las personas más cercanas (familiares, amigos cercanos). Sobretodo al principio, pero aún hoy también, estar en el Orkut es estar en contacto. Esa es la valoración esencial, que no tiene que ver con el tipo de contacto que establecen, si cercano o lejano, sino simplemente con tener a la persona allí. Como dijo una de las entrevistadas, uno entra a su página y es como si tuviera a los amigos cerca de uno.

> *"A través de las fotos uno ve si el amigo de infancia está gordo o flaco, pelado, con pelo rubio o canoso, como sea. Hay gente que pone fotos con su pareja, su perro… aunque uno no lo ve hace décadas, es como se estuvieras más cerca. Después, además, te metes en su página y te enteras dónde estuvo de vacaciones, qué hace los fines de semana, de todo. Es claro que el Orkut acerca a la gente".* (Bárbara)

Esa cercanía no es menos real por ser virtual, y esa es una de las características claves de la red social virtual, porque bosqueja una definición propia de lo lejano y lo cercano. Es cierto que las relaciones cara a cara son fundamentales para definir la cercanía de los vínculos y la mayoría de los entrevistados definieron a sus amigos como personas que conocen en la "vida real", es decir, a las que se ven personalmente.

Una entrevistada comentó que mantenía contacto con su familia que vivía en otro estado de Brasil a través del Orkut. Otra dijo que tenía en su lista sólo a gente relativamente cercana, con la que trabajaba esporádicamente, pero que pediría un favor a poquísimas personas de allí. En verdad, hubo unanimidad en ese sentido: cuándo preguntábamos a cuántas personas de su lista le pedirían un favor (como información, recomendación para un puesto de trabajo, ayuda para arreglar la computadora), todos dijeron que a muy pocas personas, siempre menos del 30%.

Eso nos lleva a una primera constatación: prevalecen las relaciones de puente más que de unión, es decir, se valora más el contacto con los menos cercanos porque, para los lazos más fuertes no necesitan la red. Aunque el contacto entre los usuarios de una misma red pueda ser frecuente, lo que permitiría una intensificación de la relación sería el contacto cara a cara. No obstante, éste se da entre pocas personas y suelen ser las mismas con las que los usuarios se relacionaban antes del Orkut. En su investigación, Danah Boyd tiende más bien a desechar esa cuestión y afirma que las relaciones virtuales permiten una profundización diferente del vínculo.

No obstante, entre nuestros entrevistados, es poco frecuente que se conozcan personas nuevas a través de la red. Una lista amplia de amigos se da, más bien, por encontrarse a gente "del pasado" (incluyendo a quienes conocieron en la fiesta de ayer), y que empezaron a tener alguna participación o conocimiento de la vida actual de los entrevistados por ver sus fotos colocadas en la página inicial de Orkut.

Por otro lado, se valora el Orkut justamente como herramienta para estar en contacto con personas desconocidas, aunque, en principio, eso no parezca tener mayor transcendencia. De hecho, varios dijeron haber ampliado su red de conocidos, aunque no su red de amigos cercanos. El cambio de puente a unión empieza a darse cuando el usuario agrega al amigo a su lista activa de MSN o servicio similar, o bien cuando empiezan a relacionarse personalmente. Hay pocos casos de personas que hacen nuevos amigos a través del Orkut, pero varias mencionaron el hecho del Orkut haberles posibilitado reatar lazos que se hicieron más fuertes, por diversas circunstancias. Además, hay una sensación de cercanía generalizada con esas personas, por verlas en Orkut todos los días, por tener acceso a sus fotos personales y a información sobre su vida. Y es verdad que por esas redes las personas entablan amistades con características peculiares, que no serían llamadas como tales por los que no están acostumbrados a moverse en el entorno virtual. No obstante, para los usuarios de las redes, ellos sí hacen amigos y comparten cuestiones específicas de su cotidiano. Lo que podemos ver aquí es que se desarrolla un nuevo concepto de amistad, quizás menos pautado por la cercanía física que la intelectual, digamos, por intereses comunes, disponibilidad para charlar *online* o para entender motivaciones mutuas.

Sin embargo, lo que calificábamos anteriormente como "fuerza de los lazos débiles", según Granovetter, en el Orkut parece ser una "fuerza" bastante modesta, aunque obviamente activa. La gente usa el Orkut para mantener contacto, pero no suele hacer mucho con esos contactos que mantienen. De eso se deriva que una persona con 300 contactos en su lista no necesariamente le dará mejor provecho a la comunidad que una que tiene 100. Es decir, las estrategias instrumentales de movilización del capital social dependen solamente del individuo. La red simplemente le aporta un espacio donde actuar.

Ese tipo de vínculo de puente que establecen tiene la ventaja de aumentarles los contactos, pero, en la práctica, no pasa de un subterfugio para satisfacer cierta vanidad. No hay un intento de ir más allá de eso. Los que usan el Orkut para el trabajo tiene una experiencia diferente. Vimos dos casos específicos. Primero, un chico que hace fiestas en discotecas de Río de Janeiro y usa el Orkut para divulgarlas. Además, es dibujante y lo usa para difundir su trabajo, aunque eso no le de réditos inmediatos. Para él, como nos dijo, el número de amigos cuenta en ese sentido, aunque no sean verdaderamente sus amigos:

"Ahora debo tener como 400, 460 (amigos), pero la mitad de ellos son personas que realmente conozco o son personas que ya vi, ya charlé y la otra mitad no. Pero esos amigos son personas que trabajaron conmigo o que conocí. Por ejemplo, grupos de los que formaba parte, personas con las que convivía, y la otra mitad son personas que conocí a través del Orkut, que vieron mis trabajos… la mayoría fueron personas que vieron mi trabajo, que me invitaron o que yo invité por el tema de la Galería[17]". (Felipe)

6.1.3 "La misma inclusión digital que el Orkut promovió, lo arruinó[18]"

El tipo de capital social que se desarrolla en la red da cuenta de la configuración de la estructura social del individuo. Una red homogénea, con amigos que se reproducen fuera de la virtualidad y en la que prevalece el capital social de unión, termina resultando en la redundancia de los contactos y, por ende, de los bienes o informaciones que pueden ser alcanzado a través de la movilización del capital social. Al contrario, en el Orkut, lo más común es que las personas tengan redes heterofílicas, mezclando amigos muy cercanos, conocidos de hace mucho tiempo con los que retoman el contacto cara a cara o con los que mantienen un intercambio virtual esporádico, o incluso desconocidos que, a su vez, también pueden volverse conocidos cara a cara o no.

Esa heterofilia también es de cierto modo preconizada en el Orkut, aunque no pudimos ver hasta qué punto llega. Más bien pudimos

---

17   La "Galería" fue un perfil creado por una artista plástica que empezó a usar el espacio para divulgar trabajos de fotógrafos, dibujantes, pintores, artistas plásticos en general. Allí, los amigos del perfil Galería eran personas interesadas en arte y había incluso una lista de artistas para difundir su trabajo. A Felipe lo conocimos en ese perfil, a través del contacto que mantuvimos a partir de su trabajo. Él se dispuso a cedernos la entrevista.
18   Comentario de un usuario en un foro que hablaba de los 5 años del Orkut: http://googlediscovery.com/2009/01/25/orkut-completou-5-anos-de-existencia/ (Acceso en 10 de noviembre de 2009.)

observar cierta inconsistencia en las entrevistas. Varios mencionaron que sus redes tenían "todo tipo de gente", que conocieron en diferentes circunstancias o lugares. Pero esas mismas personas también hablaron de cómo el Orkut estaba llegando a una clase más pobre, o que estaba popularizándose demasiado, como una crítica a la red o incluso un motivo por lo cual salieron de ella.

> *"Volviendo un poco, el BBS fue muy selectivo, era una época muy selectiva, gente con mucho dinero, con mucha cabeza, muy culta, las personas tenían información para intercambiar y aunque hicieran chistes, porque había comunidades que eran puro chiste, aún así había contenido, mucho contenido..."* (Adrián)

Hay varias cosas que subyacen esa afirmación. Primero, demás está decir que el BBS era muy selectivo porque llegaba a poquísimas personas. Si incluso hoy se puede decir que Internet, aunque muy difundida en todo el mundo, es más bien utilizada por las clases medias y las abastadas, ni qué hablar del BBS. Era una selección que venía dada por la propia estructura social y la diseminación de la tecnología entre las clases más altas. Relacionar el "ser culto" o el "tener contenido" con la selectividad que, de hecho, era anterior al mismo BBS, pues yacía en la misma estructura social, es similar a decir que, por Internet estar en una etapa de gran difusión entre las clases medias e incluso algunos núcleos más desfavorecidos (sea porque las escuelas públicas tienen equipos con acceso a Internet o por los puntos instalados por la intendencia en los barrios más pobres o, aún, porque la misma computadora y el acceso a conexiones de *dial-up* o de banda ancha se han popularizado), el Orkut no tiene contenido o tiene un contenido pobre, o que los usuarios del Orkut son vacíos y, aunque indirectamente, aducirlo a su clase social.

No nos concierne aquí relacionar ello con la verdad o falsedad detrás de eso, sino mostrar que entre nuestros entrevistados, y también de nuestra experiencia en la red y conversaciones informales con otras personas, eso es algo que está muy plasmado en la participación en el Orkut. Veamos el otro ejemplo que salió muy claramente en una de las entrevistas:

> *"Los millonarios, por ejemplo, no están en el Orkut. En un primer momento no estaban, entraron algunos pero después salieron. Ya hay demasiada porquería… estás en un punto en que todo el mundo que ya conocías ya salió (del Orkut) entonces ya no tiene sentido… hay demasiada porquería…"* (Julio)

"El che pibe de la oficina un día me preguntó si yo estaba en Orkut y quedé en una situación rara porque no tenía porque mentirle y decirle que no, pero a la vez no lo quería entre mis amigos allí. De repente empezó a entrar una gente que no tenía nada que ver con uno, ahí se puso complicado usar el Orkut". (Cristian)

Aunque los entrevistados afirmaron la diversidad de sus vínculos en la red social, lo que vemos es que hay una tendencia a la jerarquización. Lo que no pudimos ver, por la misma índole cualitativa de nuestra investigación y por no encontrar trabajos referentes a este aspecto específico del Orkut, es si se trata de una tendencia general o si se refiere a individuos aislados. De todos modos, no hay por qué suponer que lo que ocurre en Orkut es diferente de lo que sucede en Brasil con las clases sociales: una jerarquización estricta donde el intercambio entre clases mantiene umbrales rígidos. Las redes sociales no son un mundo aparte, sino una reproducción de lo que ocurre en la misma sociedad, pero con la idiosincrasia propia del medio.

6.1.4 Manejando impresiones en el Orkut

Una cuestión clave para la movilización de capital social es cómo uno se presenta, el *front* que pone y qué le muestra a los otros, es decir, en lo que nos concierne aquí, cómo uno hace su perfil. Como lo define Boyd (2008), "el simple acto de crear un perfil en un sitio de red social requiere cierta autorreflexión, aunque sea para decidir conscientemente qué llenar y qué ignorar".

Lo más común que encontramos en el Orkut es que, en la parte en la que uno tiene que definirse, el *about me*, se ponen poesías famosas, canciones, citas variadas. Una entrevistada tiene: *"Me gusta viajar, leer, charlar con mis amigos... Me encanta el cine, la música, en fin, las cosas buenas de la vida"* (Samira). Por lo general, hay cierto pudor en esas definiciones, bien porque la gente no quiere exponerse, bien porque no creen que esa definición sea realmente importante. Uno de los entrevistados explica bien eso:

"Decidí abolir el perfil personal porque me parecía que lo que ponía allí terminaba siendo o demasiado enigmático o demasiado fanfarrón y no quería pasar la imagen de alguien que está "en el mercado" - por eso también, cuando estaba buscando una novia, nunca me parecía bien poner que estaba interesado en "buscar mujeres": es medio grasa y capaz de producir rechazo en personas de hecho interesantes. Importa más el perfil general, donde incluso juego un poco con alusiones a los

"iniciados" (como decir que soy "Lector de Saer" dice mucho para el que también lo es, pero nada para el que no lo es) y en el perfil profesional sólo hablo en serio". (Carlos)

Se va generando una valoración tácita del perfil como algo que puede resultar vulgar o atractivo, principalmente mediante un control simbólico, socialmente construido por los participantes de la red, que reprimen la utilización de determinados aspectos y expresan aquellos socialmente aceptados por sus pares. De hecho, ésta es la principal forma por la cual se ejerce un control en esta red. Pero incluso bajo ese control, lo que prevalece es un espacio dedicado a la creación. Al poner una poesía, una foto o una cita, esa elección no deja de ser cuidadosa y de caracterizar al usuario. La creación del perfil es más que nada un acto artístico, en el sentido que de Certeau (1994) habla de las pequeñas prácticas como el "arte de hacer". Van mucho más allá de llenar un formulario. Están las fotos, la autodescripción, lo que sus amigos dicen, los vídeos que están abiertos para que sus amigos los vean, y, principalmente, las comunidades de las que participan. El *front* presentado es una construcción creativa elaborada a partir de lo que se muestra y lo que se esconde. Uno de los entrevistados lo comentó:

"En un primer momento, la reacción de las personas era mucho más creativa. Hacían cosas divertidas en los perfiles". (Cristian)

Más de un entrevistado llamó la atención, por ejemplo, al estado civil exhibido, cómo uno puede enterarse de la vida ajena a través del simple "soltero" o "en pareja" o "buscando mujeres" o "buscando hombres". La gran mayoría pone "buscando amigos", que es de hecho el uso más dado a la herramienta. En esa construcción de la imagen entran las valoraciones morales y estéticas tácitas, algo que es propio de la misma construcción de contenido en Internet en general. Sin embargo, todos afirman leer el perfil ajeno y darle cierta importancia.

"Hay gente que uno conoce en el Orkut que crea una imagen totalmente diferente de lo que es. Tengo una conocida por ejemplo, que pone allí un montón de comunidades tipo intelectuales, como para mostrar que es inteligente, qué sé yo, y ella no tiene nada de eso. Es más bien una tonta. Eso uno ve mucho en los perfiles." (Lola)

"Todo el mundo quiere mostrarse, todo el mundo quiere ser bonito, ¿entendés? Eso está bien en el Orkut, porque es la oportunidad de que todo el mundo aparezca elegante en el Orkut y, más aún, gratis." (Cristian)

Lo que queda claro es que hay, en la construcción del perfil, de la autopresentación del usuario, una tendencia hacia el efecto de prestigio del que hablaba Bourdieu. Hay un acuerdo tácito respecto a las valoraciones que es construido socialmente mientras se construye la misma red. La historia del Orkut es también la historia de sus valoraciones. Por ejemplo, el hecho inicial de que fuera necesario recibir una invitación para participar era para mucha gente un símbolo de exclusividad. Después, la cantidad de amigos era valorada como símbolo de *status*. Con la masificación empezaron los "orkuticidios", que distinguían a los que lo hacían como diferentes de los otros, más críticos quizás de la red y sus límites. Además, la valoración de las fotos que uno ponía, cómo exponía su vida, etc. Todo eso fue cambiando con el tiempo y marcando hitos en la historia de la red.

Muchas de las estrategias de autopresentación utilizadas son, a la vez, denigradas por muchos. Casi todos los entrevistados comentaron las tonterías que creían ver en el Orkut, como mostrarse demasiado, hablar mucho de sí mismo, etc. Pero en alguna medida, todos valoran alguno de los siguientes elementos que pudimos identificar en las estrategias de autopresentación:

- la forma como uno escribe o se presenta:

  "Lo que me hace adicionar una persona es la forma como ella escribe... así logro identificar una persona, su personalidad..." (Alfredo)

  "Demasiada elipsis en el perfil me deja desconfiado..." (Carlos)

- las comunidades de las que uno participa:

  "De algún modo, uno termina siempre juzgando el perfil ajeno, pero mucho más por las comunidades. Entonces, si la persona tiene algo en su perfil respecto del cual soy prejuicioso, eso será un quemo para ella". (Lola)

  "Yo mantengo siempre 50 comunidades. Si necesito una nueva, salgo de otra, es una forma de controla. Si pusiera 100 sería puro status". (Alfredo)

  "Demasiada elipsis en el perfil me deja desconfiado y la inconsistencia en el patrón de las comunidades también: es muy poco plausible que a uno le gusta igualmente estar en una comunidad pornográfica y en la de Derrida. Sólo con sostener eso públicamente ya es una anomalía – ese tipo de inconsistencia me pone en alerta". (Carlos)

- los karmas que uno tiene en la página y también los fans:

"Está la competencia entre las personas para tener más amigos. Me acuerdo de una amiga que me comentó "tengo 80% de corazoncitos y quiero llegar al 100%"... ese tema de la competencia fomentó mucho el Orkut... las personas quieren medir su popularidad y creerse más que los otros". (Felipe)

"Ahora uno adiciona una persona y le pone que es su fan. Todo el mundo es fan de todos sus amigos. Es ridículo". (Bárbara)

- los *scraps* que uno elige dejar y si elige dejarlo o no:

"En la época que yo le tiraba onda a mi ex novia (…) yo borraba todos los scraps de los hombres y dejaba lo de las mujeres, principalmente de las más lindas. Y ella me lo comentó un día", (Cristian)

- las fotos presentadas:

"Si la persona se casa, inmediatamente pone en el perfil una foto con su ramo, si viaja, qué sé yo, si va a la Estatua de la Libertad, pone la típica foto y dice 'yo en Nueva York'". (Bárbara)

"En el Orkut todo el mundo es lindo y feliz. Quizás sea como a todo el mundo le gustaría ser. No está tan mal... pero en las fotos no hay nadie feo, nadie triste, nada que muestre "soy un loser""". (Alfredo)

- los testimonios:

"Yo tenía un montón de testimonios, para mis amigas, mi mamá, mi prima, para mi hermana. Para qué le voy a escribir a mi mamá "mamá, te amo"? ¿No es obvio?" (Bárbara)

"Hay unos testimonios de gente que ni siquiera es tu amiga y pone "sos divina y siempre estarás en mi corazón"... y pensás... qué cosa, ¿qué le pasará a esta persona?" (Lola)

Como dijimos anteriormente, lograr una autopresentación adecuada, a través de un control adecuado de su postura, la capacidad de mantener en control expresivo, sin caer en contradicciones en la forma cómo uno se presenta, es fundamental para la capacidad de movilizar el capital social cuando uno así lo necesite. Todos los usuarios parecen tener plena consciencia de cómo el perfil causa una impresión determinada en el que lo ve y todos igualmente eligen los elementos de dejan visibles de acuerdo con sus objetivos.

Una cosa además que es harto conocida para todos los usuarios es que los departamentos de Recursos Humanos de diversas empresas se fijan en los perfiles del Orkut de los entrevistados para saber algo más sobre su vida. Informalmente, pudimos hablar con una persona que trabajaba en marketing y que, de hecho, nos confirmó esa práctica en el mercado. Se sabía, por ejemplo, que estaba mal vista la participación en comunidades del estilo "Odio xxxxxxx" o vulgaridades de cualquier tipo. Cuando se empezó a saber de esa práctica, mucha gente salió de comunidades que creía que eran perjudiciales a su imagen laboral, por si alguien de la empresa lo veía.

Por lo tanto, la consciencia de la necesidad del control expresivo adecuado termina por crear también juicios respecto a los que no lo tienen, de modo que estos podrían tener más dificultad en movilizar el capital social junto a determinadas personas. Es decir, si a una persona le parece que la otra es inconsistente o banal en su utilización del Orkut, ésta puede tener reservas y dificultarle la movilización capital social cuando se dé la situación. No obstante, quizás pueda lograrlo fácilmente junto a una tercera que no tenga en cuenta sus inconsistencias.

6.1.5 Saltando los agujeros estructurales: estrategias de movilización de capital social en el Orkut

Todos nuestros entrevistados usan el Orkut con cierta intensidad, sea para mantener contacto, para participar de comunidades, para mostrar fotos de sus viajes, mandar mensajes cortos a amigos, etc. Todos tienen plena consciencia de que están allí para ver y ser vistos, aunque controlen medianamente su exposición. Para la movilización de capital social, como vimos anteriormente, se pueden desarrollar acciones expresivas o instrumentales. Las primeras, que buscan el mantenimiento de su red de contactos, son sin duda las que prevalecen entre nuestros entrevistados. *A priori*, no hay una búsqueda intencional de contactos, sea para pedir favores o para hacer contactos de trabajo. Las acciones expresivas principales observadas son, primeramente, el simple hecho de estar en el Orkut:

> *"El Orkut sirve para mostrar que existo, ver quién existe y por ahí mantener un vínculo… es una forma de mantener un vínculo."* (Lola)

Como ya mencionamos, ésta es una opción que el usuario tiene de mantener contacto con las personas que conoce o conoció. Sus motivaciones, en términos de capital social, son esencialmente expresivas y, en el Orkut (y también, como lo veremos, en Facebook), no tienen otra función que la de meramente estar y contactarse, como si eso tuviera una valoración positiva de por sí. Lo que no es nada raro en el mundo de hoy, principalmente entre los que tienen acceso a la globalización a través de Internet: conectarse es sinónimo de estar en el mundo, de existir simplemente.

La valoración del contacto en sí, más que del vínculo, también se puede ver en el número de personas que buscan tener en sus grupos de amigos. Indefectiblemente, muchos dijeron que no representaba nada tener 10 amigos o 1000, que agregar amigos porque sí era más bien una estrategia para fanfarronear. No obstante, es difícil imaginarse qué exactamente se valora al sumar gente relativamente desconocida a su perfil y exponerle sus fotos, sus opiniones, su vida.

> *"Es aburrido y banal tener mil amigos y, como nunca tengo que divulgar trabajos o eventos para mil personas, no me sirve de nada tener una red inflacionada"*. (Carlos - 430 amigos)

> *"Al brasileño le encanta ese tema de grupo, cuantas más personas conozco, mejor. No tiene que ver con calidad, sino con cantidad, entonces está el folclore ese de que el brasileño es amigable, amigo de todo el mundo, y que hace un millón de amigos, pero entre comillas"*. (Lola - hoy 57 amigos)

> *"En un primer momento, yo tenía una competencia con un amigo para ver quién llegaba primero a los cien amigos"*. (Cristian - 227 amigos)

Aquí vemos tres cuestiones centrales en las estrategias expresivas. Primero, la valoración negativa del hecho de tener muchos "amigos" que, en el caso de Carlos, puede resultar un poco dudoso en función de la cantidad de amigos de su lista. Eso no quiere decir que se contradiga, sino que lo que se critica es el hecho de pensar que esos amigos de la lista sean realmente amigos, como si tener tantos amigos fuera algo real. Lo que se tiene, en verdad, son contactos, son personas en términos cuantitativos que esporádicamente se vuelven cualitativos. La opinión de Lola, muy difundida en Brasil, confirma eso. Primero, porque son "amigos", así entre comillas, segundo por la valoración cuantitativa sobre la cualitativa. El comentario de Cristian tiene ese mismo sentido. El hecho de juntar amigos tiene más que ver con un juego que con las ventajas de conocer a mucha gente y de, supuestamente, relacionarse con ella.

Otra acción expresiva que apareció en las entrevistas fue el uso del *scrapbook*, o libro de mensajes. Como ya mencionamos, ese espacio puede estar abierto para que todos del Orkut lo vean o que sólo los amigos lo vean. También está la opción de borrar los mensajes. Una entrevista describió bien una de las utilizaciones más comunes del *scrapbook*: decir "hola, qué tal, vamos a vernos uno de esos días, te extraño, chau" o aún "estuvo muy buena la salida de ayer", etc. Una entrevistada explicó el funcionamiento que le da al *scrapbook*:

> *"El Orkut es básicamente un email en el que no estás invadiendo el espacio de la persona. Ella va a encontrar tu mensaje cuando tenga tiempo para abrirlo y cuando esté dispuesta. Lo uso para mensajes rápidos, como de celular, cuando no quieres acceder al email".* (Samira)

Consideramos ese tipo de mensaje como acciones expresivas porque más bien tienden a mantener el vínculo, como si dijeran "aquí estoy, tenemos contacto", como algo que va más allá de sólo figurar entre la lista de amigos. De hecho, muchos afirmaron no haber siquiera intercambiado un *scrap* con varios de su lista, por la distancia de su relación. Una vez más, el peso del contacto sobre el del vínculo o la necesidad de la conexión de por sí es la estrategia que prevalece en esa red.

Lo que vemos es que, tal como lo plantea Lin, la mayoría de las personas llevan a cabo acciones meramente expresivas para mantener sus contactos, sin movilizarlos constantemente en búsqueda de fines específicos. Además, las acciones expresivas que vemos en Orkut confirman tres aspectos claves de la teoría de la fuerza de los lazos débiles: la importancia de mantener lazos débiles, la necesidad de acciones efectivas para saltar los agujeros estructurales de los que habla Burt para activar esos lazos de modo que se conviertan en capital social real y, como parte de eso, el hecho de que la cantidad de gente a la que uno está vinculado no es tan importante (como lo decía Bourdieu), sino más bien lo que importa es la forma como se dan los vínculos y qué hace el individuo para movilizarlos.

Durante el transcurso de la investigación, hubo un cambio esencial en el Orkut, que fue la posibilidad de bloquear el acceso al perfil, a las fotos o a los *scraps*. Se puede elegir que los vean sólo los amigos directos, los amigos de los amigos o toda la red. Al intentar mirar fotos o *scraps* de otras personas ahora es muy común el bloqueo. Eso permitió que disminuyera un poco el cotilleo que caracterizaba y aún caracteriza a la red. En todo caso, ahora uno sólo puede hurgar en las páginas de sus amigos directos. Algo que también cambió la utilización del Orkut fue la

posibilidad de activar una herramienta que permitía saber quién había
visitado la página propia, pero eso también permitiría a las personas ver
que uno había visitado su página. La gran mayoría desactivó esa
herramienta, no porque no quisieran enterarse de sus visitantes, sino
porque no querían que los otros se enteraran de las visitas que uno hacía.
En lo que se refiere al capital social, no consideramos que eso tenga una
gran relevancia, aunque para la utilización del Orkut en sí marca un
cambio importante.

Las acciones instrumentales, a su vez, tal como Lin lo estima, son
hechos específicamente planeados hacia un fin y, aunque poco frecuentes,
también en el Orkut representan hechos importantes en la trayectoria de
los entrevistados. Entre ellos, varios han hablado de acciones efectivas
para lograr objetivos específicos relacionados al trabajo, a intereses
personales, a búsqueda de ayuda, o para compartir información.

Lola, por ejemplo, habló de la importancia que daba a la
construcción de su perfil, principalmente de las comunidades en las que
participaba, porque usaba el Orkut con una finalidad específica:
conseguir contactos de trabajo. Después de entrar y salir ("orkuticidarse")
varias veces, ella reconoció que era una forma de mantener contacto con
personas que podrían recomendarle para puestos de trabajo y le
interesaba que supieran que buscaba trabajo en ese momento:

> *"Yo elijo a las personas en función de mi objetivo. Son las personas que*
> *creo que puedan tener algún contacto o algo así. Yo también dejo claro*
> *en mi perfil qué es lo que estoy buscando, además de las comunidades en*
> *las que participo. Si veo que hay algo, mando un mensaje... por ahí en*
> *algún momento... quién sabe..."* (Lola)

Aquí vemos, además, la relación entre la autopresentación realizada
a través del perfil y la movilización de capital social, cómo una depende
de la otra. Sólo la confianza trasmitida por un perfil bien diseñado logra
alcanzar su objetivo. Uno de los entrevistados comentó a respecto:

> *"Hay gente que quiere ser tu amigo, te pide que lo agregues, pero vas a*
> *ver la página y las comunidades son muy tontas, las fotos son*
> *horribles... básicamente, la persona es un asco. ¿Y vos qué vas a querer*
> *una persona así entre tus amigos? A veces uno encuentra entre los*
> *amigos de los amigos, gente con perfil tan interesante que terminas*
> *preguntando a tu amigo quién es el otro... cosas así pasan".* (Alfredo)

La cuestión de la imagen, como veremos más adelante, es
fundamental para que las acciones instrumentales tengan éxito.

Otro tipo de acción instrumental que observamos son los contactos que se forman, principalmente a través de las comunidades de intereses comunes, para intercambio de información o ayuda. Eso surgió de diversas formas en las entrevistas. Veamos algunos ejemplos:

"Tengo un amigo que se va a Portugal en enero y otro vive allá. Él tiene mi email en mi Orkut, entonces estoy haciendo ese puente entre ellos. Uno me pidió que entrara en contacto con el otro y yo los puse en contacto por el Orkut". (Felipe)

"Algo muy bueno del Orkut fue cuando mi mamá se enfermó, ella tuvo un aneurisma cerebral, yo quedé totalmente perdida y un día me di cuenta y fui a buscar comunidades. En esa época encontré, y me ayudó mucho, porque intercambié mensajes con varios desconocidos para pedir opiniones. Había un chico que tuvo una enfermedad grave, él me escribió unas cosas que me dieron muchísima fuerza, incluso se lo mostré a mi mamá después. El chico me ayudó muchísimo sin saber que estaba ayudando". (Bárbara)

"Me conseguí una novia en Río y la conocí por Orkut (pensándolo mejor, fueron dos en Río), después viajé para allá, etc. Otra vez, cuando fui a São Paulo quedé de encontrarme con un amigo que sólo conocía virtualmente: nos encontramos, salimos, tomamos algo y él hizo un intento de levante que rechacé sonriendo y sin demasiada preocupación, pero él nunca más me habló desde entonces. Otro tipo, amabilísimo, una vez me envío una fotocopia de un libro que tenía muchas ganas de leer, charlamos mucho y, después de un momento, dejó de contestar mis scraps – nunca me borró, sigo en su red, pero no me responde más. Son enigmas". (Carlos)

En verdad, abundan ejemplos como estos. Todos tienen alguna historia para contar acerca de cómo el Orkut le permitió hacer algo. Charlamos con una mujer, por ejemplo, que tiene una agencia que recluta "gente común" para participar de comerciales en la televisión y lo hace a través del Orkut. Otra chica ya va por su segundo novio conseguido por la red. Una de nuestras entrevistadas consiguió un fotógrafo para trabajar con ella mirando las fotos de una amiga de Orkut a quien pidió su contacto. En fin, es un hecho que todos en algún momento lo usan para lograr alguna finalidad, movilizándose para activar sus contactos, aprovechándose de lo que antes denominábamos "la estructura habilitante".

Se debe subrayar que el Orkut es una red de diversión e intercambio basado en intereses variados, a diferencia de redes como el Linked In, por ejemplo, enfocada en los contactos laborales. Así, el Orkut aparentemente favorece una mayor posibilidad de contactos y de movilización de capital social, pero eso va a depender no sólo de la necesidad del individuo, sino también de su capacidad de iniciativa. Un entrevistado reconoció su dificultad personal de movilizar su capital social. Además, él estaba desempleado en el momento de la entrevista y cuando le preguntamos sobre la posibilidad de contactar gente que lo ayudara a conseguir trabajo, dijo esto:

"Yo sé que el Orkut da para mucho, que yo podría conseguir contactos de trabajo, tengo un montón de amigos allí, pero no sé muy bien qué hacer, lo sub aprovecho. Todavía no pude capitalizarlo, transformar todo ese aparato, esas articulaciones en dinero es muy difícil." (Alfredo)

Por lo general las personas reconocen la latencia, la posibilidad de que esos contactos sean activados para algo, sea para obtener información, ayuda, trabajo, noviazgos.

"Cuando me fui dando cuenta de que era una forma de tener contacto con las personas, incluso con las que trabajas, me pareció perfecto... Automáticamente, si encuentras una persona en el Orkut, la contactas y es una herramienta buenísima". (Samira)

"Una de las cosas que más valoro en el Orkut es el sedimento histórico que estoy depositando allí, produciendo contenido en comunidades e interlocuciones a lo largo de los años". (Carlos)

El Orkut, como el Facebook o cualquier otra red social es un caldo de cultivo para el capital social, es una estructura que concentra personas con un interés fundamental: hacer contactos. El tipo de contactos que se desarrollará va a depender del uso que cada individuo le da, cómo va a actuar para saltar aquellos agujeros estructurales y alcanzar objetivos específicos personales mediante la movilización de su red de conocidos o amigos. La latencia, en tanto "potencial de activar relaciones con contactos propios y a partir de la visualización de los individuos que conforman las redes de los contactos propios" (Lin, 2001), está entre las características estructurales del Orkut, que permiten convertirlo en la estructura habilitante en espera de la acción individual que la cambie, que le quite su rigidez y que los individuos se apropien de su construcción.

6.2 Analizando el Facebook

6.2.1 Mi experiencia en Facebook: autoentrevista de Lucrecia

La idea de comenzar con este trabajo de investigación surgió casi en paralelo a mi utilización de Facebook. Descubrí la herramienta en 2008, y desde el primer momento generó en mí una gran curiosidad. ¿A quiénes suman las personas entre sus contactos? ¿Por qué y para qué? ¿Qué implicaciones tiene la posibilidad de poder ver con quiénes están contactadas las personas que conozco? ¿Qué beneficios puede traer esta nueva forma de sociabilidad? Éstas fueron algunas de las preguntas que dispararon esta investigación.

Sobre mi experiencia personal en esta red, puedo decir que Facebook verdaderamente resultó diferente de todas las formas de interacción *online* que conocía hasta el momento: el Messenger, los blogs, foros, etc. En primer lugar, la posibilidad de encontrar en cuestión de segundos prácticamente a cualquier persona que conociera, visualizar sus relaciones, sus fotos, y todo aquello que quisiera mostrar sobre sí misma, era divertido y novedoso.

En segundo lugar, la cuestión del reencuentro. Reencontrarse virtualmente con los compañeros del jardín de infantes, de la primaria, con familiares lejanos o amigos de viajes y vacaciones, son las primeras experiencias que se viven al abrir una cuenta Facebook. En mi caso particular, los reencuentros no fueron más allá del mundo virtual, hubo dos iniciativas de pasar del mundo *online* al *offline*: con una ex compañera de facultad y con la camada de quinto grado de la primaria, pero ninguna de las dos posibilidades se concretó. De todas formas, tanto por lo que observé durante mi participación en Facebook como por comentarios de conocidos, sé que muchas personas se reencontraron cara a cara a partir de contactarse a través de Facebook.

En relación con esto, en un momento se nos plantea la cuestión de los amigos. *¿Yo quiero tener un millón de amigos?* A quién aceptar y a quién no cada vez se vuelve una cuestión más difícil de resolver. Si bien yo tenía claro que sólo aceptaría a gente conocida, porque no me gustaba la idea de que desconocidos supieran con quién yo me relacionaba o qué fotos ponía, quién era mi familia, adónde había ido de vacaciones, etc. A menudo aparecen personajes con quienes resulta difícil saber qué hacer, o mejor dicho, hacer lo que uno realmente quisiera: ¡rechazarlos!

Los casos más comunes son los conocidos que nunca fueron amigos, ex compañeros de clase o de trabajo, amigos de amigos, ex parejas, ex de amigos, o simplemente gente que vimos alguna que otra vez en la vida. En mi caso, lo habitual fue aceptarlos por no ser mal educada, por no quedar mal, pero la verdad es que hay mucha gente que uno acepta en su red cuando no quisiera hacerlo.

Los jefes o compañeros de trabajo pueden convertirse en otro caso difícil; para poner un ejemplo, *¿quién quiere que su jefe tenga acceso a las fotos de su fiesta de disfraces o de una despedida de solteros?* El tema es que el costo de rechazarlo puede ser mayor que el de tenerlo en la red, con cierto acceso a nuestra vida privada.

Al principio uno no entiende muy bien qué es lo visible para los demás. Recuerdo que hubo un momento en que me di cuenta de que todo lo que yo hacía les era comunicado a mis contactos. Si hacía un test, si bajaba un juego, si armaba un álbum de fotos, incluso si me hacía amiga de alguien más, o si me unía a un grupo, etc. Todos mis movimientos eran visibles para todos. Ahí fue cuando empecé a usar los filtros, y comenzó a molestarme la relativa imposibilidad de rechazar a algunas personas.

Con los filtros establecí que sólo las personas que eran contactos podían acceder a mi perfil, y que sólo determinadas personas podían ver mis fotos. Por otro lado, a menudo oculté los test o los juegos que realizaba, mientras que otros los dejé intencionalmente para mostrar ciertas cosas sobre mí. Voy a confesar, porque considero que es importante para el análisis de los comportamientos que se dan en este tipo de redes, y para sustentar la hipótesis de que uno aplica estrategias de autopresentación, que he borrado aquellas cosas que parecían tontas o tal vez adolescentes, como pueden ser tests de personalidad, horóscopos, test de compatibilidad amorosa, etc; y que dejé, adrede, opiniones sobre cine, sobre libros, música, e incluso tests del tipo de *"qué sociólogo clásico eres",* que aunque no dejan de ser una tontería, en todo caso tienen el potencial de generar una impresión diferente al que generaría uno como *"a qué princesa de Disney te pareces"*.

Abrí mi cuenta Facebook a mediados de 2008. Me enteré de su existencia por un amigo que había entrado invitado por otros que vivían fuera del país, y que habían empezado a usarlo para estar más en contacto con sus familiares y amigos residentes en Argentina. Si bien puedo asegurar que pocos de mis conocidos tenían Facebook en ese momento, no puedo avalar con datos estadísticos el supuesto de que en dos o tres meses entraron a la red muchísimos argentinos residentes en Capital Federal, y que en un breve periodo de tiempo "estar o no estar" en Facebook se convirtió en una cuestión de suma relevancia en algunos entornos. He presenciado numerosas conversaciones sobre cosas que suceden en el Facebook, observando como los que no estaban se convertían en una especie postmoderna de *"outsiders"*, aunque fuera por un rato; la frase "si no estás en Internet no existís" se llenaba de sentido en ese momento.

También interpreto el "estar o no estar" como un elemento de prestigio, cuando observo las redes de los demás y encuentro apellidos aristocráticos, gente famosa, pertenencia a grupos de status (como pueden ser universidades o empresas), etc. Se hace evidente que los contactos que uno tiene actúan también como carta de presentación ante los demás.

El proyecto "Pew Internet & American Life"[19] publicó en 2006 un artículo titulado, parafraseando a Granovetter, "The strength of Internet ties", sobre los vínculos a partir de Internet y su capacidad para mantener nuestras redes sociales, así como para obtener ayuda en los momentos más importantes de nuestras vidas. Lo considero también un buen subtítulo para comenzar a describir los vínculos que establecí en mi red y las posibilidades de movilización de capital social con que conté durante el período de investigación participante.

Entre los 150 contactos de mi lista, están mis hermanos, mis primos, mi madre, mis amigas, algunos ex compañeros de la facultad, mi jefe y algunos compañeros de trabajo, mi novio, algunos amigos de la infancia o la adolescencia, y entre ellos,

---

19   En Internet: http://www.pewInternet.org/PPF/r/172/report_display.asp (Acceso en 20 de octubre de 2009.)

una importante cantidad de gente que no veo personalmente hace muchísimos años. ¿Cuánta de esta gente forma parte de mi vida cotidiana? Tal vez veinte o veinticinco personas. ¿Y cuántos forman parte de mi círculo de vínculos fuertes? Probablemente no más de quince.

Facebook funciona con estas personas como una herramienta más, que se suma a las otras con que contamos para mantener contacto con nuestros seres queridos: los encuentros cara a cara, el teléfono, el mail, el Messenger, y ahora el Facebook. A través de Facebook podemos ver nuestros álbumes de fotos, hacer comentarios o chistes al respecto, mandarnos un mensaje o pasarnos una nota interesante. Es una ocasión más de contacto, de interacción.

Con las otras 130 personas el tema es diferente. En primer lugar, no existe contacto real con todas ellas, incluso con algunas la única acción llevada a cabo fue la de incluirlas en la lista y ahí terminó el asunto. Con otras intercambié saludos del estilo "cómo estás, tanto tiempo, qué es de tu vida", en algunos casos nos pusimos más o menos al día a través de mensajes privados, en otros ni siquiera eso, y en otros hasta nos entusiasmamos con la idea de tomar un café, que nunca se concretó.

Tuve una experiencia que de no ser por Facebook no hubiera sucedido. El verano de 2009 tenía que viajar a México por vacaciones. En mi lista de contactos tenía un mexicano que trabajaba en mi misma empresa (pero en México) a quien había visto personalmente sólo dos veces en mi vida. Yo necesitaba saber algunas cuestiones sobre las aerolíneas de bajo costo para vuelos internos. Le escribí a través de Facebook y él me facilitó muchísima información relevante para el viaje. Nosotros prácticamente no nos conocíamos y por nuestra relación tal vez hubiera sido desubicado, y tal vez tedioso para él, que yo le mandara un mail requiriéndole toda esta información. De este modo, en cambio, fue natural y espontáneo hacerlo, y me trajo por supuesto buenos resultados.

Además de eso, desde una posición más pasiva, he recibido invitaciones a fiestas y eventos, ferias de ropa, publicidad sobre los emprendimientos de mis contactos, como por ejemplo servicios de catering, indumentaria, fotografía, etc. Ellos utilizaron su participación en la red con el objetivo de promocionar algo, utilizando sus propias relaciones y las relaciones de los otros para llegar a una cantidad de personas que de otra forma, no hubiera sido posible.

Por último, considero que participar en esta red tiene un potencial que hasta el momento no tuve la oportunidad de aprovechar. Nuestras redes de relaciones nos son visibles a todos, quedaron transparentadas; y las personas están ahí, probablemente más al alcance de la mano que en ninguna otra época de la historia de la humanidad. La oportunidad real de poder visualizar quiénes son todas las personas que conozco (muchas de las cuales habían quedado en el olvido) y poder saber con quiénes éstas se relacionan, facilita más que nunca la posibilidad de activar mis relaciones y movilizar mi capital social en el momento en que lo crea necesario.

6.2.2 El principio de todo: la entrada y el armado del perfil

Hacia mediados de 2008 el fenómeno Facebook llegó al centro de la ciudad de Buenos Aires y comenzó a instalarse entre los jóvenes de la clase media-alta porteña. La proliferación fue rápida: ninguno de nuestros entrevistados tenía una cuenta Facebook en enero de 2008; al día de hoy la mayoría de ellos dice que el 90% de sus amigos están registrados en el sitio.

La primera diferencia que aparece en relación al Orkut es el estadio en que se encuentra el fenómeno: mientras que aquél ya lleva cinco años, lo que da lugar a que las personas hayan vivido múltiples experiencias a raíz de la participación en dicha comunidad, Facebook se encuentra en plena etapa de expansión por esta región, y es la primera vez que un sitio de este tipo tiene tanta repercusión en Argentina.

Es difícil asegurar cómo el Facebook desembarcó en Buenos Aires, pero a partir de la reconstrucción de los relatos de nuestros entrevistados (y por el tamaño que el sitio ya tenía en el exterior) podríamos suponer que una de las vías de ingreso se relaciona con argentinos viviendo en el exterior en busca de nuevas formas de mantenerse en contacto con sus familiares y amigos residentes en el país.

Uno de nuestros entrevistados nos contó cómo conoció el sitio:

"Leí una nota en una revista sobre Facebook y el tipo que lo inventó. Al principio,no tenía idea de lo que estaban hablando. La nota venía de Estados Unidos. Un sábado o domingo a la tarde, me metí para ver qué era y descubrí que varios amigos, en especial los que viven afuera, ya

estaban en Facebook. Entonces abrí una cuenta y en un rato ya estaba conectado con ellos a través de Facebook". (Alejandro)

También es posible que el contacto directo con extranjeros haya funcionado como herramienta de difusión entre nosotros:

"Entré porque el año pasado unos amigos americanos, que paran en un hostel acá en Palermo, me invitaron a ver las fotos que se sacaron conmigo y me enviaron la invitación. En ese momento no le di mucha importancia, pero ahora que cada vez más conocidos lo usan y hace tres meses más o menos que le presto más atención". (Soledad)

Por otro lado, entre los usuarios de Facebook se observa claramente la existencia del "efecto prestigio"; la idea de que "hay que estar", de que si no estás "no existes" atraviesa en cierta forma todas las entrevistas que realizamos, y esto aparece como un aspecto común en los dos grupos bajo análisis. Esto se relaciona con la cuestión del termómetro de popularidad: la cantidad y la calidad de contactos son vistas por muchos como un indicador de status social.

"También es un símbolo de status… es como que hay una clasificación tácita entre aquellos que tienen Facebook y los que no… los que lo tienen son 'cool' y los que no, o ni saben que existe, son unos 'losers'" (Mariana)

Al entrar en la red, los usuarios elaboran su página de entrada, con datos personales, fotos, aplicaciones, preferencias. En Facebook, los usuarios tienen mayor control de qué se muestra a quién. No necesariamente todo está abierto a todas las personas de su red. Todos estos elementos constituyen el perfil del usuario, y en términos de Goffman la *performance* o actuación, la postura que elegirá mostrar al mundo y qué llevará a cabo. En general, los entrevistados son conscientes de que, a través del perfil y lo que uno muestra en su página, los demás pueden hacerse una imagen de su personalidad. Todos juzgamos y somos juzgados con base en lo que aparece y lo que no en nuestro Facebook, y esto determinará qué se elige mostrar y qué no.

"Algunas aplicaciones como el wall to wall o las fotos las tengo predeterminadas para que no aparezcan en el historial porque algunas cosas me molesta que se lean… Hay aplicaciones muy tontas (la mayoría) pero que no dejan de ser divertidas aunque me da vergüenza que el resto sepa que las agregué entonces desclickeo la opción de "mostrar en Mini Feed" para que no se sepa que la agregué. En

definitiva soy muy cuidadosa con las cosas que aparecen porque sabes que las va a leer todo el mundo." (Mariana)

Las fotos que las personas suben a su página resultan para el resto un claro indicador del status socioeconómico de la persona, y aparece además la idea de que cada uno muestra el mejor perfil de uno.

"Por las fotos te das cuenta de muchas cosas, del nivel económico, social y casi cultural también. Por los lugares de las fotos, la gente que lo rodea, si son todas de noche o de día, en fin... describe mucho a las personas las fotos que eligen poner, porque por alguno uno elige poner esas fotos y no otras, puede que sea que uno muestre lo que uno es o lo que uno quiere ser". (Florencia)

Las aplicaciones de Facebook, tales como juegos, quiz, test, etc. también conforman la autopresentación. Cada uno agrega aquellas que tienen que ver con él y hacen parte del perfil de la persona.

"Fundamentalmente agregué fotos, hice algún quiz, del tipo de qué tipo de peronista sos...y agregué la función de fanático de river (...) creo que había salido Weber, pero no dejo que quede la información en mi perfil, en general dejo bastante limpio el espacio, tengo lo básico: sexo, que estoy casado, la fecha de mi cumpleaños, la postura política freak (libertarian), y hay algunas fotos que colgaron amigos donde salgo yo" (Mariano)

Como lo dijimos anteriormente en el Orkut, las estrategias de autopresentación van a determinar, en parte, la capacidad que los individuos tienen de eventualmente lograr movilizar su capital social a través de acciones expresivas o instrumentales.

6.2.3 Construyendo la red de contactos

Las redes de contactos tienden a ser similares. Los entrevistados cuentan con alrededor de 100 amigos en su Facebook. Existen, sin duda, casos extremos de personas que tienen redes de quinientas, incluso mil o más personas; esto a menudo se relaciona con un objetivo explícitamente comercial de utilización de la herramienta, vinculado, a su vez, a las acciones instrumentales para la movilización del capital social.

Las descripciones de las redes se parecen mucho entre sí, se empieza a hablar desde lo más cercano a lo más lejano. Éstas están conformadas por los amigos de la vida "no virtual", la familia cercana, la pareja, los compañeros de clase, de trabajo, etc. En conclusión, la gente con quienes se comparte la vida diaria fuera del mundo virtual. Además del círculo íntimo, en todas las redes encontramos relaciones más lejanas y distantes. Es evidente que muy pocas personas pueden establecer relaciones realmente estrechas con más de 100 personas en un momento determinado de su vida.

> *"De los 130 contactos, podría pedirles un favor a mis amigas del colegio, y a las chicas con las que me fui de viaje por seis meses a Nueva Zelanda, serán quince personas o menos, diez personas. Y sí, porque si le pido un favor alguien se lo voy a pedir a gente más íntima".* (Romina)

Las relaciones del tipo de capital social de unión están presentes en todas las redes y son las primeras que las conforman. Es preciso aclarar que estas relaciones son preexistentes al uso de la red, no se generan a partir de ellas. En general, todas las personas que conforman los círculos más íntimos de los individuos son trasladadas también a esta esfera.

En una segunda instancia, aparecen relaciones más lejanas, e incluso actualmente casi inexistentes en las redes de nuestros entrevistados

> *"Para incluir gente entre mis contactos de Facebook, la primera prioridad son mis amigos íntimos, muchos de ellos que hoy viven lejos. La segunda, amigos en el sentido general de la palabra, muchos amigos de amigos con los que hemos compartido numerosos momentos y que tenemos un vínculo cercano desde experiencias grupales compartidas pese a que no hemos tenido un vínculo individual directo o, a lo sumo, lo tuvimos en un grado general y esporádico en un momento dado. He buscado amigos o conocidos que no veía hace tiempo, algunos que viven en Buenos Aires y otros afuera. A la hora de aceptar amigos, me pone un poco incómodo recibir invitaciones de conocidos con los que casi no hablé o que incluso no conozco. Son más incómodos los que sí sé quiénes son pero con los que no tengo un vínculo, porque al rechazarlos se puede "quedar mal". A los que no conozco les escribo un mail y les pregunto de dónde nos conocemos y por qué tengo el honor de que quieran ser mis amigos".* (Alejandro)

La posibilidad de reencontrarse con personas con las que se había compartido parte de la propia vida aparece quizás como el elemento clave que da pie al boom de Facebook entre los jóvenes porteños. Todos declararon que el paso siguiente a armar el perfil es construir la red de contactos. Básicamente empezar por buscar a los conocidos, al principio los amigos mas cercanos, y cuando éstos se acabaron, apelar a la memoria y comenzar la búsqueda de todos aquéllos con los que en algún momento existió algún tipo de vínculo.

"Me sirvió para reencontrarme con mucha gente del colegio, la facultad, o amigos de amigos que quedaron perdidos en el tiempo y en el espacio. Es muy loco encontrarte compañeros del pre escolar y ver que hoy están todos casados, con hijos, divorciados, pelados... ver qué fue de la vida de cada uno 20 años después. Yo lo encuentro muy práctico con la gente que vive fuera del país porque te acerca mucho el poder saber de ellos permanentemente y mismo con los que viven en tu país, pero que no ves tan seguido". (Mariana)

Un elemento que se desprende de esta cuestión del reencuentro virtual es la posibilidad de "ver" al otro: ver que está calvo, que está casado, con hijos, etc., tenerlo visible en la página personal. El Facebook nos abre un paseo, un recorrido por esa porción de la vida del otro que éste ha decidido mostrar. Si bien el objetivo del presente trabajo no consiste en explicar todos los comportamientos que se desprenden de la utilización de Facebook, no podemos dejar de lado el hecho evidente de que uno de los principales entretenimientos que ofrece la herramienta es poder hurgar en la vida ajena.

"El lado negativo de Facebook podría ser el tema de la privacidad... pero es medio raro, es un juego medio perverso. Porque todo el mundo cuestiona, pero uno lo hace, te encontrás viendo las fotos de un tercero, y pensás que zarpado soy... pero vos tenés tus fotos ahí para que todos la vean. Y hablás con todos que te dicen "que zarpado que es esto" pero todos hacemos lo mismo, chusmeamos, miramos las páginas de los otros, y además está bueno y te incita a eso porque en una hoja te resume todo lo que hicieron los otros, qué hizo, qué no hizo, dónde fue, si viajó, si puso las fotos de su casamiento... para mí es más que nada algo para entretenerse, ocio total, chusmerío puro". (Natalia)

Además de las personas que no veían hacía mucho tiempo, algunos entrevistados señalan que entre sus contactos agregan a personas que conocen por el hecho de agregar contactos, personas relacionadas con sus ambientes laborales, o personas que puedan brindarles beneficios en este sentido, así como también en sentido comercial, según el caso. Estas relaciones son las que hicimos referencia como "capital social de puente" aquellas que sin ser socialmente estrechas y donde no median sentimientos de cariño o estima son importantes porque tienen la potencialidad de acercarnos a diferentes oportunidades.

"Con el tema de la radio aprendí que es muy importante tener contactos, así que eso es lo que hago... estar en contacto de todas las

formas posibles con las personas que conozco y hacer más y más contactos. Facebook es una forma más de hacerlo." (Hernán)

6.2.4 Estrategias de movilización de capital social en Facebook

Nuestros entrevistados usan Facebook con bastante frecuencia, de acuerdo con la rutina que nos relatan, en muchos casos llegan a la oficina, prenden la computadora, abren el mail del trabajo, el mail personal, algún diario para informarse de manera rápida y abren el Facebook para ver si tienen algún mensaje, alguna solicitud de amistad, algún comentario en sus fotos, etc.

Los motivos de uso se relacionan en mayor medida con esta posibilidad de mantener contacto, es decir, con las acciones expresivas que señalaba Lin; pero también con estar ahí y ser parte de algo. A lo largo de las entrevistas puede notarse que el que no está en Facebook queda fuera de ciertas cosas: *"muchos están participando en Facebook porque hay que estar".*

> *"Entré porque mi cuñada me insistió para poder unirme a comentarios de las fotos del verano, toda mi familia estaba opinando, así que me metí por diversión, porque sino me quedaba afuera… ahora con mis amigas usamos los álbumes, actualizamos las fotos, hacemos comentarios".* (Florencia)

En la entrevista de Florencia y la de Mariana, más abajo, se ve muy claro cómo el objetivo es seguir de alguna forma el contacto con otras personas.

> *"El principal motivo por el que lo uso es para estar en contacto con toda la gente que de alguna u otra forma conozco y me interesa saber de sus vidas o que quiero que sepan de la mía. Hay gente que veo poco o con la que no me escribo nunca pero igual sé si viajó, se mudó, fue a una fiesta o cumplió años(…) si quiero dejar un mensaje o hacer un comentario lo escribo en el Wall de la persona y sé que lo lee seguro, aparte no es como un mail, es algo súper ágil e inmediato, creo que se trata de eso de poder contactar a muchos de formas muy distintas y en poco tiempo, hoy nadie tiene tiempo!"* (Mariana)

Como se explicó anteriormente, consideramos dos formas principales de movilización de capital social, de mantenimiento y de captación. El mantenimiento de capital social se lleva a cabo principalmente a través de acciones expresivas, que constituyen un fin en sí mismo y son las más placenteras, tal como pueden ser los encuentros con amigos, los llamados telefónicos, los emails, etc.

Por otro lado, la captación se hace a través de acciones instrumentales, donde los medios y los fines son dos cosas independientes. La relación no constituye un fin en sí mismo, sino que se anhelan recursos o beneficios adicionales a partir de la misma.

En la participación de Facebook encontramos los dos tipos de movilización (expresiva e instrumental) y, además, el que denominamos "latencia". Esto se refiere a los vínculos dormidos de los que hablaba van der Gaag (2005), aquellos con los que no tenemos ningún tipo de contacto presente pero que, sin embargo, existe la posibilidad de activarlo llegado el momento dado.

Las acciones expresivas, que tienen como objetivo mantener el contacto, son las que se dan más a menudo y tienden a ser la razón principal de entrada y utilización posterior del Facebook, como acabamos de ver. Éstas se dan de dos formas, las que se llevan a cabo con las personas que son parte de la vida cotidiana, y aquellas que se generan a partir de los reencuentros proporcionados por Facebook.

> *"Lo uso para contactar gente, para ver en qué andan… por ejemplo, lo que te puedo contar es de esta chica que te contaba de Canadá. No sabía nada de ella desde primer año del colegio, y de golpe me puse a charlar como si nada. Me contó todo de su vida, lo que estaba haciendo allá, etc... no parecía que no la veía hacía 15 años!!!"* (Romina)

Sin embargo, el reencuentro parece ser en la mayoría de los casos exclusivamente virtual y sin mayor trascendencia fuera de éste ámbito

> *"Y después hay gente que hace años que no veo y la tengo ahí. Pero con tres personas quedé en verme. El tema es que cuando te metés a chusmear te das cuenta que todo el mundo tiene gente que no ve hace miles de años … ves los mensajes y ves que todos son "che, tanto tiempo"… La verdad es que hay gente con la que te reencontrás y te interesa verte, pero con la mayoría no."* (Natalia)

De esto nos resultaría interesante comprender qué sentido tiene acumular gente en la red si no hay ninguna intención real de volver a generar un contacto con esas personas.

Muchos reconocen que Facebook para algunos es una especie de termómetro de popularidad, la cantidad de amigos que uno tiene habla de uno; pero no en todos los casos en el sentido que la persona desearía. En varias entrevistas surgió claramente este tema, la percepción es que las personas creen que sus perfiles, su cantidad o tipos de contactos hablan bien de ellos, pero a menudo los demás desarrollan una valoración negativa en torno a esto:

"Hay minas que te das cuenta que tienen "gente bien" como contactos, porque uno mira los contactos y va a decir: mirá "fulano no sé cuánto", "mengano tal", "no sé qué Anchorena", "fulanito Blaquier", ¿entendés? Muchos lo hacen por un tema de status social..." (Natalia)

La lista de amigos evidentemente conforma una de las principales estrategias de autopresentación y resulta un elemento importante a la hora de formarse una imagen acerca de una persona:

"Por ejemplo, conozco a alguien y después voy y lo busco en Facebook, me fijo quiénes son los amigos que tiene, y más o menos te hacés una idea de cómo es la persona. Hay que ver si los amigos que tiene en Facebook son los amigos de verdad o si acepta a cualquiera. Ponéle, hace poco una amiga empezó a salir con un chico que conoció en el Facebook, un amigo de una amiga. Y al otro día me metí a ver al pibe, a ver qué tal era. ¡Y vi que tenía 700 mujeres! Y no me gustó la verdad… eso te da un dato de lo que es la persona: ¡es un aparato!" (Romina)

Pero hay casos diferentes, donde se supone que el hecho de acumular amigos puede servir para algo concreto en algún momento. Hernán, por ejemplo, nos cuenta abiertamente que se dedica por el momento a agregar contactos, no por una cuestión de popularidad, sino porque intuye que de algo puede servirle en el futuro. Valora y remarca la importancia de tener contactos para que en el trabajo te vaya mejor:

"Con el tema de la radio aprendí que es muy importante tener contactos, así que eso es lo que hago… estar en contacto de todas las formas posibles y hacer contactos (...) La verdad es que todavía no sé bien para qué sirve Facebook, su real utilidad y todos los beneficios que puede llegar a tener, pero desde que me mandaron la primera invitación me dije de tenerlo por las dudas, agregar gente, contactos, amigos para cuando le encuentre utilidad y beneficio, digamos que estoy esperando a ver para qué me sirve… creo que puede tener dos utilidades, contactarse con amigos o conocidos; dos, como otra forma de estar conectado con el medio musical (que es en lo que trabajo) por el momento es mero contacto, no he ido más allá… me dedico a agregar gente". (Hernán)

En este caso se reflejan las acciones instrumentales que tienen por objetivo la captación de capital social, de las que también habla Lin. Es claro que la mayoría del tiempo las personas realizan acciones de mantenimiento, su utilización del Facebook remite más a la distracción, al entretenimiento, al fortalecimiento o desarrollo de las relaciones sociales presentes, que a la búsqueda de un objetivo concreto o que conlleve un particular beneficio. De todas formas, esto no significa que no sean conscientes de que la herramienta puede brindarles potencialmente algún beneficio en el sentido económico de la palabra.

"Me parece obvio que una red de amigos y conocidos permite multiplicar las oportunidades en todos los ámbitos. Pero no uso Facebook con un sentido utilitario, del mismo modo que no soy amigo de la gente por si me sirven. Lo que no deja de ser cierto es que sí sirven y ayudan. En el verano nos íbamos a ir a México. Ahí vive un amigo de un amigo con el que jugué al fútbol muchos años. Compartimos asados, partidos, charlas, pero no es un amigo directo. Sabía que estaba en México viviendo porque somos amigos de Facebook. Le pedí consejos: hotelería, distancias, lugares. Me los pasó antes del viaje... por el mail hubiera sido menos probable que yo le escribiera. Nos vimos en el DF y nos pusimos al día y pasamos un buen momento. También me actualicé sobre su trabajo y lo tengo presente por si, ocasionalmente, puedo acercarle algún cliente u ofrecerle su servicio a algún cliente mío. Detrás de cada amigo en Facebook se abren como "links" mentales que podés unir en cualquier situación. Esos links, sin Facebook, serían mucho menores. Creo que la fortaleza de los links radica en su potencialidad".
(Alejandro)

Otro ejemplo es el de Florencia, ella tiene una empresa de catering y aprovecha sus contactos de Facebook para darla a conocer, les pide a sus amigos que se hagan "fans" de su empresa y de este modo, todos los contactos de sus amigos ven que se han hecho fans de este emprendimiento. Así, aprovecha lo que denomina "marketing gratis" y, a través de sus contactos, logra llegar a personas que de otro modo no hubiera sido posible. Por otro lado, como entiende por la importancia que tiene para ella que los demás se hagan "fans" de su emprendimiento, siempre está dispuesta a servir ella misma de puente entre otros y sus propios contactos: *"Participo en grupos sólo si veo que un conocido se unió al grupo, porque sé que le interesa difundir algo si es que lo manda, y no me cuesta nada hacerme fan, publicarlo o participar".* En este caso se observa claramente el funcionamiento del principio de reciprocidad, elemento clave para las relaciones de confianza y establecimiento de capital social entre las personas. El concepto de "cupón de crédito" del que hablaba Coleman se refleja en esta acción de hacerse fan. Otros se hacen fans de lo suyo, y de ese modo la ayudan, entonces ella responde haciéndose fan de todo lo que los otros quieran difundir y, de este modo, les retribuye el favor.

Otro tipo de acciones instrumentales tienen que ver con el aprovechamiento de la capacidad de visualizar los contactos ajenos y actuar en consecuencia

"Sí, Facebook sirve mucho en el ambiente que me muevo yo, que la gente de las bandas sí tienen. O sea, para lo que hago yo sí sirve. Por ejemplo, yo me meto en el de este tipo con el que laburo, y él tiene más de 300 amigos que son la mayoría de este ambiente: Carlos Birabent, el cantante de acá, el manager del otro. Entonces sí me sirve. Porque a través del Facebook le podés llegar a mandar un mensaje diciéndole: Hola yo soy Florencia, trabajo en prensa, y me gustaría hacer tal o cual cosa, podemos tomar un café o lo que sea, y eso te sirve…es más cómodo que mandarle un email o llamar por teléfono para un primer contacto. Además pueden ver más o menos quién sos, con quién estás relacionada, etc.. En mi laburo sirve bastante, porque además te da cierta visibilidad o entidad…" (Florencia T.)

Por otro lado, la baja predisposición a hacer contactos nuevos sustenta la idea de que en la mayoría de los casos las acciones que se llevan a cabo son de mantenimiento. Se observa una generalizada reticencia a aceptar desconocidos, o a hacer amistades.

"En mi caso no estoy buscando relacionarme con gente que no conozco, sino que busco tener un espacio de relación virtual con la gente que me relacionó o me relacioné por fuera de la plataforma Facebook. Todavía no se me ocurrió que por este medio puedo hacer amigos, sino tener un espacio para compartir con los amigos o familiares". (Juan)

Sólo en una entrevista una persona dijo que tenía dos contactos que no conocía y que finalmente los borró. A diferencia del Orkut, donde las comunidades son medios donde circula información de manera bastante fluida y, de este modo, hay gente que queda conectada, en el caso de Facebook, al menos por ahora, la participación en los grupos es diferente. Si bien la gente se une a los grupos, no hay participación activa y de este modo no hay oportunidad de que la gente conozca nuevas personas. Sin embargo, hay ejemplos de contactos entre desconocidos, pero a menudo se dan a partir de un intermediario.

"Me pasó de alguien que me pidió que lo contacte con otro por algo laboral, porque estuvo en algún país que quiere ir a visitar o al que se iba a ir a vivir y le quería pedir info, alguien que me preguntó si tal o

cual era soltera o soltero, qué sé yo... de ahí mi rol como "medio" para acercar gente que busca algo en común pero que no se conocen directamente... en general fueron a gente no tan cercana a mí... o sea no fueron mis más amigos sino algo como... vi que tenés a alguien así o asá, ¿te parece que le escriba y le pregunte por tal o cual cosa? De ahí en más yo los "presentaba" y después se arreglaban solos". (Mariana)

Por lo tanto, hay consciencia de que la posibilidad de visualización de los contactos propios y ajenos puede en algún momento servir para algo, por ahí se mantienen la mayoría de los contactos de forma pasiva. Son los vínculos dormidos de los que hablaba van der Gaag.

Alejandro, por otro lado, sostiene:

"no sé cual es el 'mejor' número de amigos posibles para Facebook (...) pero poder ver rápidamente a todos los contactos de alguien sí pueda convertirse en una ventaja. La oportunidad que brinda tener muchas personas en tu lista, en realidad, es permitir ver a otras personas quienes integran tu comunidad y que les sirva a ellos para hacer relaciones, conexiones para algún fin específico. Es una ventaja solidaria porque del mismo modo yo me beneficio o podría beneficiarme de la lista de mis amigos".

En síntesis, las cuestiones fundamentales que se destacan a partir del análisis de este caso tienen que ver, en primer lugar, con un interés manifiesto de hacer contacto, de participar en una red y ser parte de algo y, por qué no, de no quedar afuera: Facebook es una moda, todo el mundo está allí y uno no puede perderse una parte de la realidad.

En una segunda instancia, existe una consciencia generalizada de que lo que ponemos ahí es visto por todos. Cuidadosamente las personas eligen qué dejar y qué sacar de sus perfiles, dado que así como ellos juzgan a los demás a partir de lo que muestran, ellos mismos pueden ser juzgados por otros. De este modo, consciente o inconscientemente, se elaboran estrategias de autopresentación (del mismo modo que se elaboran en la vida no virtual) al armar los álbumes de fotos, escribir o no en el *wall* de otro, hacer comentarios sobre las fotos o agregar aplicaciones.

En tercer lugar, los resultados de esta participación dependerán exclusivamente de las acciones que cada uno emprenda y de los objetivos personales. La utilización que cada individuo le dé a la red y la posibilidad de aprovechar los recursos que ésta contiene, en definitiva dependen de la capacidad de cada individuo de movilizar su capital social, del mismo modo que esto ocurre fuera de la red virtual. A fin de cuentas, no es tan importante la cantidad de amigos que uno tiene en su lista, sino la forma en que las personas pueden convertir esas relaciones en beneficios concretos. La mayoría de las personas con las que hablamos, pueden contarnos una experiencia en la que movilizaron su capital social.

Por último, si bien se hace manifiesta cierta tendencia a disminuir la relevancia del Facebook al tildarlo de "puro cotilleo" o algo más para "perder el tiempo cuando estás aburrido o no tenés nada que hacer en el trabajo"; el hecho de que *"el gráfico social",* tal como lo define Mark Zuckerberg, el inventor del Facebook, esté dispuesto al alcance de la mano de todos, despierta cierta sensación de oportunidad. Es probable que todavía no se tenga idea del alcance de los beneficios que todos nosotros, nuestras interconexiones actuales y las potenciales pueden aprovechar. Sin embargo, creemos que hay cierta percepción de que no se trata de un fenómeno menor.

7. Paralelismos y divergencias en las redes virtuales

Al analizar los casos de Facebook y Orkut observamos que hay muchas semejanzas, como se podía esperar, pero además algunas diferencias muy marcadas que son relevantes en lo que se refiere a la movilización del capital social. En lo que sigue de este capítulo realizaremos algunas comparaciones entre las dos redes virtuales, relacionando nuestro análisis con la teoría del capital social delineada anteriormente.

Lo que salta a la vista son las diferentes etapas del desarrollo de ambas redes y cómo esto marca la utilización que los usuarios le dan y, por ende, la capacidad de movilizar capital social con mayor facilidad. Aunque el Facebook haya crecido enormemente en Estados Unidos y en otros países de América Latina, en Argentina sólo recientemente comienza a tener un uso más masificado. En un primer abordaje, las personas tienden a verlo como una mera pérdida de tiempo, mientras que en Brasil, el Orkut sigue siendo uno de los fenómenos más masivos ocurridos entre los usuarios de Internet. Al estar hace más tiempo difundido entre los usuarios, hay una mayor apropiación del medio y comprensión de sus herramientas e implicaciones de las mismas. Eso implica que si un usuario quiere obtener una ayuda o un servicio determinado, ya se ha creado un sedimento lo suficientemente sólido como para que él se mueva y encuentre sus formas de realizar acciones instrumentales. Por ejemplo, sabe que si quiere conseguir un trabajo en finanzas, hay diversas comunidades en el área en las que puede entrar y participar activamente de los temas discutidos, anunciar allí que está buscando trabajo o encontrar propuestas de trabajo.

Ese desarrollo histórico ha permitido también que los usuarios del Orkut conozcan claramente las mejores formas de producir un impacto determinado, qué informaciones pueden ser divulgadas y cuáles "no quedarían bien". Ese control simbólico de sus propias acciones y, consecuentemente, de las de los otros, favorece el logro de objetivos. A su vez, el "orkutiano" ha tenido tiempo de reflexionar acerca de la red, incluso basado en la amplia cobertura de los medios que ésta tuvo. Encontramos que los principales hechos "históricos" que marcaron el Orkut fueron: 1) la entrada masiva y la exposición exacerbada de informaciones personales; 2) el control de los visitantes, la posibilidad de saber quién nos veía, pero que esto dependiera a la vez de dejar que los otros supieran a quiénes veíamos; 3) el bloqueo del acceso a las fotos o *scraps*, posibilitando un mayor control y limitando el cotilleo a la lista de amigos solamente y no a todos los usuarios de Orkut.

Lo que no pudimos averiguar, dados los límites de este trabajo, fue hasta qué punto un mayor control de acceso a las páginas se relaciona con la decadencia del Orkut, pues los dos se dieron más o menos al mismo tiempo, aunque puedan o no estar relacionados. Si hubiera una relación causal, supondría que la principal motivación de los usuarios es poder cotillear la vida ajena. Las implicaciones de eso tampoco son claras en lo que se refiere al capital social. Lo que afirmamos es que eso sería una forma de interacción social pasiva, si se puede decir, o una latencia, como mencionamos anteriormente. Al saber lo que ocurre con otros, uno tiene más capacidad de hacer contactos para fines específicos, sea para invitar a una fiesta a un amigo que recién rompió con su novia, o contactar a un amigo que pone en su perfil que es fotógrafo para que haga las fotos de tu boda, entre otras posibilidades. De por sí, esa latencia no necesariamente tiene un valor negativo, sino más bien representa posibilidades de interacción.

El Facebook aún no ha desarrollado el sedimento histórico en Argentina. Los usuarios tienden inicialmente a disminuir la importancia de la herramienta como cotilleo puro y a menudo no valoran sus posibilidades, pero igualmente vimos que la usan activamente, colgando fotos, dejando mensajes a sus amigos, haciéndose fan de páginas específicas y, principalmente, hurgando en los perfiles ajenos. Como nuestra investigación se hizo en una etapa inicial de la utilización de Facebook, los entrevistados habían tenido menos tiempo para reflexionar acerca de la herramienta y sus usos, aunque los medios ya hayan publicado centenas de artículos acerca del fenómeno.

Otra diferencia fundamental, más bien relacionada con la estructura de las mismas redes, es que la creación de las Páginas en Facebook sirve para que muchas personas divulguen sus empresas o servicios, algo conocido y utilizado por muchos. El Orkut no cuenta con algo específico para fomentar los negocios. Hay gente que deja *scraps* masivos, pero que no suelen ser bien vistos por los usuarios, mientras las comunidades son más bien para debates, aunque allí también se pueda divulgar un servicio o una empresa. No obstante, esa diferencia es sólo en términos del diseño de la estructura, pues ambas son igualmente habilitantes y restrictivas. Las actividades de los usuarios en una y otra red dejan eso claro y muestran cómo logran emprender sus acciones a pesar de las restricciones y aprovechando lo que tienen a mano.

Esencialmente, las diferencias claves entre una y otra tienen que ver con la acción individual llevada a cabo por los usuarios en una y en otra red lo que va a terminar marcando su utilización para la movilización de capital social. Una diferencia inicial es la participación en comunidades temáticas. Prácticamente inexistente entre los usuarios porteños de Facebook, las comunidades reciben la participación (frecuente o esporádica) de los usuarios de Orkut en Brasil. Esa participación puede darse por fines específicos, como saber la opinión del grupo respecto de una escuela de inglés en la que se quiere estudiar en otro país o para intercambiar recomendaciones y comentarios acerca de literatura. No es poco común que a partir de las interacciones en las comunidades haya mayor acercamiento entre usuarios, que llegan incluso a conocerse personalmente o a intercambiar bienes como libros e informaciones más personales.

Todos los entrevistados de Orkut y Facebook tienen muchos amigos en sus redes, pero pocos son muy cercanos, y los que lo son, mantienen un contacto cara a cara y, en la red, figuran de modo indiferente entre los demás. En apariencia, no prevalece la generación de capital social de unión, pues no es común la conformación de nuevos vínculos fuertes en las mismas. El capital social que puede generarse en la red, por ende, no tiene que ver especialmente con la presencia de esos vínculos fuertes, porque ellos no necesitan la red para mantenerse, sino entre los vínculos débiles que surgen en la misma red que estimula el surgimiento de capital social de puente y reafirman, una vez más, la fuerza de los lazos débiles, tal como lo propuso Granovetter en 1973. Esto podría parecer obvio en función de la cantidad de personas que los usuarios acumulan en sus redes, pero a su vez confirma otras tesis (Boyd, 2008, por ejemplo) de que las personas están relacionándose de una nueva forma y que no hay un aislamiento del individuo o una disminución del capital social, como lo afirmaba Putnam (2000). Simplemente la sociabilidad se muestra de una forma novedosa, más abierta a nuevos tipos de vínculos y a lo nuevo. A su vez, la presencia del capital de puente en estas redes muestra que las personas sí se relacionan con mucha más gente, aunque no necesariamente tengan vínculos fuertes con más personas, lo que es indiferente, confirmando la tesis de Granovetter y Burt. Son los vínculos débiles los que permiten una movilización positiva hacia la generación de capital social.

Además de ello, pudimos observar algo interesante con respecto a las relaciones homofílicas y heterofílicas, en los términos de Lin. Tanto el Orkut como el Facebook son redes que tienen una heterogeneidad como su marca registrada. Es obvio decir que el capital social de puente ocurre por las relaciones heterofílicas, o sea, entre personas de ámbitos sociales diferentes. No obstante, por la propia difusión de esas redes virtuales, que se da primero entre usuarios de clase media o media-alta (como la gran mayoría de los usuarios de Internet), observamos que a nivel más macro lo que prevalece en una homofilia. Los individuos por separado en una red tienden a ser diversos, de diferentes ámbitos, clases, grupos. No obstante, si comparamos una red a la otra, la red de uno como un todo tiende a la homofilia. Observamos eso porque los individuos afirman que sus contactos son de diversos ámbitos, aunque no estén interesados en relacionarse con personas de cualquier ámbito y, específicamente en el caso del Orkut, se quejen de la masificación y de la difusión entre las clases sociales más bajas. La red A puede parecer heterogénea al individuo que tomemos como centro, pero respecto a la red B de otro individuo puede haber bastante disparidad. Hay, entonces, una especie de heterofilia dentro de una homofilia. Los individuos se relacionan con personas diferentes, siempre que sean de niveles sociales similares.

Las acciones instrumentales para el capital social se dan del mismo modo en Orkut y en Facebook, como en la sociedad. Son acciones esporádicas, pues los objetivos de los individuos no son todos necesariamente alcanzados a través de la "capitalización de su capital social". Principalmente en lo que se refiere al capital social individual, la movilización depende de la creatividad que el actor tiene para construir su propia vida y, más aún, de la consciencia que debe tener de que el contacto con el prójimo le ayuda indefectiblemente a alcanzar objetivos. Como dice Flap, ningún hombre es una isla y las redes sociales vienen a mostrar eso y a refutar todo el aislamiento propuesto por los detractores de la modernidad y los propulsores de las teorías de la posmodernidad que ven un individuo pobre de relaciones. El mismo Putnam, al relacionar la decadencia de la democracia en Estados Unidos con una supuesta disminución del capital social a nivel nacional supone eso. No obstante, hoy los vínculos son distintos hasta el punto de que no logramos aún aprehender los cambios que nos circundan. Aún hay prejuicios no sólo con respecto a participar de las redes sociales, como si fuesen cosas de alienados (Boyd, 2008), sino además cierto rechazo a las relaciones que surgen de Internet y se extienden hacia el mundo *offline*. La misma oposición entre "mundo real" y "mundo virtual" atesta ese prejuicio. De hecho, para todos esos usuarios de las redes sociales, la virtualidad es tan real como la "realidad" y la redundancia de esta misma frase muestra que los límites de esas definiciones se deben ensanchar.

Del mismo modo que ocurre en la vida no virtual, las acciones expresivas para la movilización del capital social son las que predominan.

En Facebook y Orkut estas acciones son similares, salvo las particularidades de cada red. Los usuarios envían mensajes con un simple "hola" o "hagamos algo uno de estos días" (por el *wall to wall* en Facebook, por el *scrapbook* en Orkut), comentan las fotos de sus amigos, hurgan en los perfiles de sus amigos y de los amigos de los amigos. Estas acciones tienen un objetivo en sí, que es simplemente el de mantener contacto. No quieren lograr algo más que eso inicialmente, aunque puedan desarrollarse por un interés de lograr algo a futuro. El Facebook tiene, además, toda una batería de aplicaciones propias que permiten que los participantes jueguen o comparen sus gustos con los de sus amigos, que participen en tests de conocimiento, entre muchas otras cosas. Esta herramienta es incipiente en Orkut que dispone sólo algunas aplicaciones a sus usuarios y desde hace muy poco tiempo. Cuando hicimos la mayoría de las entrevistas, de hecho, todavía no existían.

Consideramos el cotilleo generalizado una acción expresiva porque es algo que todos hacen y saben que todos los demás también lo hacen. Las estrategias de movilización y de autopresentación lo tienen presente. Al poner fotos en su página, un usuario no necesariamente invita a sus amigos para que las vean. Sabe que las verán, que las hurgarán. Si nadie mirara las páginas ajenas, quizás mucho de lo que uno hace individualmente en su página en la red no tendría sentido. Y como todos tienen en cuenta la visibilidad de lo que ponen y todos eligen lo que ponen en función de eso, hurgar es la acción expresiva por excelencia en estas redes, a través de la cual los usuarios se enteran de cosas de sus amigos, de qué están haciendo, entran en sus páginas y les dejan un mensaje o un comentario en sus fotos. Sin esa utilización tácita, digamos, las acciones instrumentales no tendrían cabida.

De hecho, consideramos que la mera participación en una red de relación virtual es una acción expresiva para el mantenimiento del capital social, porque como muchos lo mencionaron, estar en la red es existir, es la posibilidad de ver y ser visto, es un paso anterior hacia la realización de acciones instrumentales para obtener capital social. La decisión por participar de una red social *online*, sea cual sea, es también una opción por relacionar más o con más gente o ambas cosas a la vez. Es también una elección de no quedarse afuera de lo que está sucediendo en la sociedad.

Hay una movilización activa de capital social en estas redes, aunque, aparentemente, más en Orkut que en Facebook. Esto se debe, muy probablemente, a la sedimentación que aquélla ha generado en la sociedad misma, mientras ésta todavía está en pleno crecimiento. Así, encontramos entre los entrevistados de Facebook personas que no le ven otro propósito más que el entretenimiento o el pasar un rato hurgando en la vida ajena. Esto también sucede en Orkut, pero por su historia pudimos observar una utilización mucho más intensa y productiva de la herramienta.

En Facebook lo que encontramos fue una difusión incipiente de emprendimientos propios a través de contactos propios y ajenos. Una persona que tiene un negocio, por ejemplo, pide a que sus amigos sean sus fans y, con eso, aumenta su visibilidad al aparecer en varias páginas. También vimos casos de personas que piden a un amigo de su lista que lo presente a otro para obtener un contacto de trabajo o incluso para salir. En lo que pudimos ver, no hay demasiada participación en comunidades temáticas, pues muchas de ellas están en inglés y no hay un gran intercambio de información.

A su vez, en Orkut las acciones instrumentales son un poco más variadas y eso se debe a la participación más activa en las comunidades temáticas. Por ejemplo, en la comunidad de Traductores e Intérpretes, que tenía 8167 usuarios a principios del 2009, hay mensajes diarios de diversos miembros que intercambian información, dudas terminológicas, oferta de trabajo, las vicisitudes del cotidiano del trabajo en casa, realizan encuentros periódicos no virtuales, etc. Aunque esto pueda no representar a la mayoría de las comunidades, nuestros mismos entrevistados mencionaron usar las comunidades para diversos temas: informaciones variadas y específicas, ayuda con cuestiones de salud, realización y divulgación de eventos, búsqueda de profesionales, entre otros. Las comunidades son un espacio para el intercambio real entre las personas, dado que no suelen agregar desconocidos sin ninguna relación previa.

Lin menciona en su teoría la existencia de estrategias individuales y grupales para la movilización de capital social, pero lo que pudimos observar en ambas redes virtuales es que prevalecen estrategias individuales. Aunque haya comunidades que inciten a la acción, en favor o contra de un gobierno o una acción determinada, se trata de espacios donde las personas se suman como a una lista de participantes, sin que haya movilización efectiva.

Esto está relacionado directamente a la cuestión de la estructura *versus* el individuo. En las redes virtuales el peso de la acción individual es mucho mayor que la misma estructura, que es, tal como la estructura social general, habilitante y constrictiva. No obstante, los usuarios de las redes virtuales en general tienen un fuerte poder creativo sobre estas redes, dado que están diseñadas para los usuarios y en función de ellos. Esa microestructura conformada por la red virtual impone un marco dentro del cual se desarrollan las acciones, pero los individuos, a través de la utilización que le dan, lo ensanchan y lo vuelven a su favor. Un ejemplo claro de esto es el bloqueo de visibilidad de ciertas herramientas del Orkut o la traducción del Facebook al castellano, en función de la demanda de sus usuarios.

Nos parece importante que la creatividad es lo que parece pautar esa nueva forma de sociabilidad, pues los individuos encuentran en las relaciones virtuales un espacio donde afirmar sus gustos y preferencias. El formato de la Web 2.0, en el que está Facebook, pero no Orkut, muestra justamente eso: las personas pueden elegir no sólo con qué datos llenan los casilleros de sus fichas de datos personales, sino también qué aplicaciones van a estar en su página, en qué ubicación, etc.

Hogan (2009) comenta que tal como hay personas más activas en un aula o en cualquier ámbito, también habrá personas que participarán y usarán más las herramientas *online* que otras. Agregamos que lo mismo ocurre con la movilización del capital social. La estructura es lo suficientemente flexible como para que los usuarios la adapten a sus propios intereses y construyan sus propias valoraciones respecto a lo dispuesto allí. Los individuos se encuentran en una posición de relativa igualdad en la estructura, pero son sus propias acciones las que les permitirán aprovechar los agujeros estructurales y movilizar el capital social en su propio provecho. Por ejemplo, la participación seria y constante en una comunidad puede llevarlo a tener contacto con más personas de su interés y, eventualmente, hacer más contactos para llevarlos a su propia red. La estructura de la red social es sumamente habilitante y quizás por eso prevalezca allí el capital social de puente. Es interesante notar a este respecto el hecho de que haya un sinfín de libros publicados en Estados Unidos, principalmente con ideas sobre cómo aprovechar las comunidades *online*, en una nueva área denominada *social media marketing*.

A partir de esto confirmamos, también, la dinámica de nuevas sociabilidades propias del contacto virtual. Por un lado, tenemos la autonomía y la acción creativa de los individuos (y no de presiones grupales) para la conformación de la propia red de contactos. Los individuos logran, además, mantener un ir y venir entre lo virtual y lo no virtual de forma fluida y flexible, llevando su virtualidad a ámbitos familiares y laborales incluso o emprendiendo acciones laborales a través del medio virtual. Esta fluidez es la que nos hace rechazar la oposición entre lo "virtual" y lo "real", pues hoy lo que vemos es un dinamismo creciente entre ambos.

Las estrategias de autopresentación serán cruciales para la movilización del capital social, como ya lo hemos visto. Tanto en

Facebook como en Orkut hay plena conciencia de que la forma en que uno se define y se presenta afectará cómo el otro lo va a ver. Pudimos observar que esta conciencia está aún más desarrollada en el Orkut, en el cual las personas pueden hablar de sus estrategias con más soltura y explicar el porqué de sus acciones. También atribuimos esto al momento histórico de la red. Cuando hicimos las entrevistas con los usuarios de Facebook, en el año en que creció enormemente en la Argentina, los usuarios aún estaban en la red hacía seis meses, por ejemplo, mientras que los del Orkut, en la época de las entrevistas ya estaban desde hacía como mínimo tres años. Entre los entrevistados del Orkut apareció, además, la importancia de pasar una imagen consistente de sí mismo para que pudieran generar la confianza de los que ven el perfil de uno. En el Facebook, lo que más apareció en las entrevistas fue una crítica generalizada a perfiles excesivamente abiertos. Eso llama la atención al hecho de que todos los que están en esas comunidades son más o menos conscientes de sus estrategias de manejo de impresión y actúan de acuerdo a lo valorado por el medio y/o por la sociedad.

De hecho, en ambas redes los usuarios demostraron cierto cuidado en la construcción de su perfil, la elección de las fotos, de sus contenidos de texto, etc. Las principales estrategias de autopresentación que pudimos observar en ambas redes fueron: la presentación escrita en el perfil (qué información incluye uno de sí mismo, cómo la escribe, etc.); los mensajes que intercambia con los amigos y su opción por la visibilidad o no de aquéllos; la elección de las fotos divulgadas a la red. Después están las estrategias específicas de la cada red: la utilización de los *karmas* y las comunidades de las que uno participa en el Orkut y las aplicaciones que uno agrega y los grupos de los que uno participa o es fan, en Facebook.

Con respecto a la autopresentación y su importancia para la generación del capital social hay un aspecto muy importante que abordar. Lo que los individuos eligen exhibir o no en sus páginas tiene una valoración propia en la red que los define como "*cool*" o "aparatos". Lo mismo ocurre tanto en Orkut como en Facebook y esas valoraciones se dan en virtud de las herramientas de cada red y también de su historia. Hay una valoración positiva en general hacia la exhibición de fotos en las redes, muy a pesar de que las personas critiquen la exposición que la red virtual produce. La acumulación desproporcionada de amigos, a su vez, es valorada negativamente, incluso por aquellos que tienen más de 200 "amigos". Esto se tiene como una ostentación, del mismo modo que cualquier otra exhibición excesiva de uno mismo, sea a través de la inclusión de demasiados datos o de una definición personal demasiado llamativa. En el caso de Orkut, el inicio de la utilización estuvo marcado por una mayor exposición, inclusión de datos más detallados, descripciones y utilización más creativa que, poco a poco, empezaron a ser valorados negativamente. Tanto es así que hoy los usuarios ponen lo mínimo al respecto de sí mismos en el perfil inicial, aunque no derrochen pudor al exhibir fotos de su familia, su cotidiano, sus vacaciones, etc.

Acerca de la autopresentación y de la sobreexposición, Hogan (2009) se pregunta algo muy interesante: ¿Cómo hacen los individuos para controlar el contenido expuesto considerando la variedad de personas en sus redes? Es decir, fuera de la virtualidad, uno tiene los contextos, o sea, el trabajo, la universidad, el equipo de fútbol, etc., pero en Orkut o Facebook no hay contextos. Uno no necesariamente mostraría las fotos de una borrachera al jefe y quizás tampoco quiera divulgar entre los amigos la foto del grupo de capacitación de la empresa en la que uno viste una remera amarilla escrita "*I love my company*". Pero es muy difícil controlar lo que se exhibe en una red virtual, porque los amigos también publican cosas de uno. Su planteo es muy interesante y está transversalmente relacionado con la cuestión de la autopresentación, pero igualmente nos parece interesante mencionarlo, incluso porque en nuestras entrevistas esa preocupación apareció bastante a menudo. Usuarios del Orkut, principalmente, que juntaban un número increíble de amigos, después los borraba y empezaba un perfil nuevo con grupos más seleccionados. Con los entrevistados del Facebook, ellos mostraban incertidumbre respecto a qué hacer con jefes, amigos, ex compañeros de la primaria en una misma bolsa. La preocupación está, pero por nuestros propios objetivos no fuimos más a fondo en esa cuestión.

Vimos anteriormente que cuanto mayor el capital social de un individuo, mayor será la probabilidad de éxito en una acción emprendida. Pudimos observar en nuestra investigación que, de hecho, el número de personas a las que uno se relaciona en una red virtual es indiferente para la movilización del capital social. En verdad, será la acción individual la que permitirá el salto de los agujeros estructurales. También planteamos la siguiente pregunta anteriormente: ¿Quiénes tienen mayor probabilidad de tener más capital social? La contestamos desde nuestro abordaje teórico y, en lo que sigue, veremos cómo éste se aplica a la práctica de nuestras redes sociales virtuales.

Primero, afirmamos que un individuo que participe de redes densas tiene mayor probabilidad de emprender acciones expresivas, principalmente en virtud del control simbólico ejercido por sus pares. Observamos dos situaciones relativamente opuestas con respecto a esto: los individuos que participan en redes densas, en nuestro caso especialmente en las comunidades temáticas del Orkut, efectivamente logran movilizar mayor capital social aunque, por otro lado, esto no tiene que ver con relaciones necesariamente entre personas muy cercanas (amigos, familiares, etc.), sino basadas en intereses comunes. Esto es así porque la probabilidad de emprender una acción expresiva tiene que ver con la actitud personal del usuario más que con la estructura en sí de la red.

Esto está relacionado directamente con el segundo supuesto que dice que no es la cantidad de vínculos lo que determina la posibilidad de movilizar capital social, sino la diversidad de recursos. Esto es así también en la red virtual, aunque, como vimos, esa diversidad tiene que ver más con personas variadas y de diferentes ámbitos del saber o de actuación que de ámbitos sociales muy distintos. Tanto en el Orkut como en Facebook, se reconoce la importancia de llegar hasta personas más distantes de aquéllas con las que uno se relaciona siempre para obtener informaciones, para ofrecer sus servicios, entre otras cosas, pero uno no está dispuesto a relacionarse con usuarios que considera muy diferentes de sí, sea por intereses o por nivel sociocultural. Se valora la diversidad en la igualdad, por más paradójico que parezca.

El tercer supuesto referente a quién va a movilizar más capital social dice que cuanto más cerca un individuo esté en una relación de puente, más podrá saltar esos agujeros estructurales y generar capital social. Esto también es lo que ocurre en las redes virtuales que estudiamos. Los individuos que saben aprovechar de las funcionalidades de esas redes en beneficio propio son los que logran salir de sus círculos íntimos de amistades y llegar hasta donde no haya redundancia de recursos y, principalmente, de información.

No obstante, estar cerca de una relación de puente tampoco es suficiente, porque las personas de esa relación pueden también compartir recursos redundantes, así que lo importante es que los recursos, además, sean diferenciados. Vimos en nuestras redes cómo los usuarios participan de comunidades para obtener informaciones que no tendrían junto a sus propios amigos, tal como la entrevistada que participó en una comunidad de Orkut sobre el aneurisma cerebral en la cual consiguió información y también el apoyo de los que habían sufrido problemas similares. Ciertamente, en la red más estrecha será coincidencia que haya muchos casos de personas que hayan pasado por ese drama. En ese sentido, la redundancia está en la homogeneidad de la red. No obstante, al acercarse a una red heterogénea o diversa a la de uno, es posible acceder a recursos que no están presentes entre nuestros amigos, por ejemplo. Igualmente, uno puede estar cerca de una relación de puente, siguiendo este ejemplo, ser amiga de alguien que es amigo de un médico. No obstante, esto no es suficiente para alcanzar a movilizar el capital social en beneficio, sino que es fundamental una diversidad de recursos para que las acciones instrumentales puedan tener cabida y éxito.

Lo que vemos, por lo tanto, es que tanto el Facebook como el Orkut tienen estructuras y propósitos similares, pero los usuarios les dan los usos que las herramientas permiten, motivados por sus propias preferencias e intereses.

8. Atando cabos

El crecimiento masivo de la utilización de las redes sociales virtuales en Brasil y en Argentina, basado en redes personales conformadas a partir de la acumulación de contactos y la formación y/o mantenimiento de vínculos sociales nos hizo indagar respecto a la existencia del capital social en dichas redes. Nuestra pregunta inicial fue: si el capital social existe solamente en las relaciones sociales, ¿qué ocurre con las redes sociales virtuales?, ¿permiten efectivamente un mayor desarrollo de capital social porque sus miembros participan activamente de ellas?

Lo que denominamos *estrategias de movilización de capital social*, sean las acciones expresivas o instrumentales, están íntimamente vinculadas a las estrategias de autopresentación. En el caso de las redes sociales, el diseño creativo y personal del perfil del individuo determina de cierto modo su forma de interactuar en la red, si está allí para obtener trabajo, pareja, para encontrar o reencontrarse con amigos, etc. La conciencia de la relevancia de la autopresentación oscila entre la comprensión perfecta del mecanismo e incluso su manipulación intencional hasta su desconocimiento o inconsciencia plena. De todos modos, quedó claro que las estrategias de presentación siempre tienen como motivación última el mantenimiento o la adquisición de más capital social, que es la motivación general de la acción individual, según la definición de Lin.

Nuestros principales hallazgos en este trabajo fueron:

- Las redes sociales virtuales estimulan el capital social de puente más que el de unión.
- La heterofilia se expresa en un nivel más bien micro, mientras que en términos más amplios se da la homofilia.
- Las acciones expresivas, tal como en la sociedad no virtual, tienen más frecuencia que las instrumentales, aunque no sean más importantes que éstas.
- Los individuos se encuentran en una posición de relativa igualdad en la estructura, pero son sus propias acciones las que les permitirán aprovechar los agujeros estructurales y movilizar el capital social en su propio provecho.
- Aparentemente, los usuarios del Orkut tienen más conciencia de la importancia de la autopresentación, en términos del peso de la

elaboración de su perfil, que los usuarios del Facebook y esto lo atribuimos al momento histórico de cada una de las redes.

- Las estrategias de autopresentación están relacionadas con la movilización de capital social, pues los individuos reconocen que su perfil va a producir un determinado impacto en quien lo ve y ello puede generar rechazo (caso el perfil sea incoherente) o atracción (caso sea bien diseñado).

- Finalmente, el individuo que va a tener más capital social es el que participe más activamente de una comunidad o grupo de interés; tenga mayor diversidad de vínculos, aunque no necesariamente un mayor número; y, finalmente, el que esté cerca de una relación de puente con una cantidad de recursos más variada.

Las redes virtuales son espacios alternativos para la movilización del capital social, pero ante su crecimiento masivo, se ha vuelto una alternativa bastante frecuente y relevante para los actores. Su difusión se está dando cada vez más entre los diferentes niveles sociales, principalmente por el crecimiento de Internet entre las diversas clases. Una pregunta que las futuras investigaciones podrían abordar es la cuestión de la heterofilia u homofilia entre las clases sociales, si ello ocurre, con qué intensidad y cómo.

También es interesante observar que los perfiles y la autopresentación son diseñados a través de un lenguaje simbólico que otorga predominancia a unos elementos sobre otros. En la historia de las redes, estos elementos van alternándose y sería interesante ver en función de qué esto ocurre y cuáles son sus consecuencias.

La generación de capital social en las redes sociales virtuales es, además, algo incipiente. Redes como Linked In, basadas estrictamente en la importancia del social *networking* para las relaciones de trabajo tienen herramientas propias que favorecen aún más el desarrollo del capital social. Por ejemplo, en Linked In un profesional puede recomendar a otro, puede decir en qué está trabajando y en qué ya trabajó, puede buscar personas por organizaciones de trabajo y, caso le interese trabajar en una determinada empresa, ver a qué distancia (número de vínculos) está de alguien que trabaje allí. Al estar basados en el entretenimiento y el contacto personal, Facebook y Orkut no tienen en cuenta este tipo de herramientas, aunque el Facebook, por estar diseñado con la tecnología de la Web 2.0, permite una mayor flexibilidad de la estructuración de los perfiles individuales. El Orkut, a su vez, tiene un modelo rígido en el cual los usuarios sólo deben llenar un perfil previamente armado y su página inicial siempre aparece de la misma forma para él y sus contactos. La flexibilidad de las aplicaciones usadas en Facebook permite que los usuarios armen sus perfiles según sus propios intereses, además del modelo que se debe llenar, también propuesto por esta red social.

La flexibilidad en el armado de la página podría ser una salida para una mayor movilización de capital social en función de los objetivos e intereses específicos de los actores. En la utilización de Facebook en Buenos Aires, no obstante, eso parece no ocurrir todavía quizás por estar en una etapa temprana de su desarrollo, mientras que el Orkut logra cierta movilización sin disponer de herramientas más variadas de creación personal del perfil.

Creemos, además, que parece haber predisposiciones culturales a diferentes tipos de utilización de esas herramientas en Brasil y en Argentina. Quizás una mayor apertura a nuevas sociabilidades en Brasil, quizás mayor escepticismo en Argentina, pero, en verdad, no hemos tratado estos temas con la profundidad suficiente como para concluir algo en relación a esto. Sí parece, en cambio, un tema sumamente interesante para futuras investigaciones sobre redes sociales virtuales.

Bibliografía

Barreiro, L. y Vergilio Leite, L. (2004). "La confianza en la economía popular: el caso de la Red de Trueque Nodo Astral", en Forni, Floreal (org). *Caminos Solidarios de la Economía Argentina*. Ediciones Ciccus, Buenos Aires.

Blanchard, A. y Horan, T. (2005). *Virtual Communities and Social Capital*. Idea Group Publishing, EEUU.

Boufoy-Bastick, B. (2004). Auto-Interviewing, Auto-Ethnography and Critical Incident Methodology for Eliciting a Self-Conceptualised Worldview [36 paragraphs]. *Forum Qualitative Sozialforschung/Forum: Qualitative Social Research* [On-line Journal], *5*(1), Art. 37. Disponible en: http://www.qualitative-research.net/fqs-texte/1-04/1-04boufoy-e.htm [acceso en 7 de octubre de 2009].

Bourdieu, P. (1983). *"Ökonomisches Kapital, kulturelles Kapital, soziale Kapital." in Soziale Ungleichheiten (Soziale Welt, Sonderheft 2)*, editado por Reinhard Kreckel. Goettingen: Otto Schartz & Co.. 1983. pp. 183-98.

_____. (1999). *¿Qué significa hablar? Economía de los intercambios lingüísticos*. Akal Ediciones, Madrid.

Boyd, D. (2009). "Conectados somos mais importantes". Caderno Link, *O Estado de São Paulo*. São Paulo, 2 de marzo de 2009.

_____ (2008). *Taken Out of Context: American Teen Sociality in Network Publics*. Tesis Doctoral. Universidad de Berkely, EEUU.

Burt, R. (2000). "The network structure of social capital", in: *Research in Organizational Behaviour,* Volume 22, University of Chicago and Institute Européen d'Administration d'Affaires (INSEAD).

Castells, M. (2005). *A era da informação: economia, sociedade e cultura. Volume 1. A sociedade em rede*. Editora Paz e Terra, São Paulo.

Coleman, J. (1988). "Social Capital in the Creation of Human Capital", in: *American Journal of Sociology,* Volume 94, University of Chicago, pp.S95-S120.

De Certeau, M. (1994). *A invenção do cotidiano. 1. Artes de fazer*. Editora Vozes, Petrópolis.

Donath, J., y Boyd, D. (2004). Public displays of connection. *BT Technology Journal, 22*(4), p. 71.

Ellison, N. B., Steinfield, C., & Lampe, C. (2007). The benefits of Facebook "friends:" Social capital and college students' use of online social network sites. *Journal of Computer-Mediated Communication, 12*(4), article 1. Disponible en: http://jcmc.indiana.edu/vol12/issue4/ellison.html [acceso en 20 de octubre de 2009]

Flap, H. (1994). "No man is an island: The Research Program of a Social Capital Theory". Presentado en el World Congress of Sociology, Bielefeld, Alemanha.

Putnam, R. (2000). *Bowling alone.* Simon & Schuster, New York.

Gaag, M. van der. (2005). *Measurement of individual social capital.* Netherlands Organization for Scientific Research (NWO), Amsterdam.

Gálvez Mozo, A. (2005). "La puesta en pantalla: rituales de presentación en un foro virtual universitario" (artículo online). *Revista de Universidad y Sociedad del Conocimiento (RUSC).* Vol. 2, n° 1. UOC. Disponible en: http://www.uoc.edu/rusc/dt/esp/galvez0405.pdf [acceso en 27 de octubre de 2009]

Giddens, A. (1984). *La constitución de la sociedad. Bases para la teoría de la estructuración.* Amorrortu Editores, Buenos Aires.

Goffman, E. (1990). *The Presentation of Self in Everyday Life.* Penguin, Londres.

Granovetter, M. (1973). "The Strength of Weak Ties". *American Journal of Sociology* 78: 1360-1380.

Guinalíu, Mi. (2004). "La Comunidad Virtual". Universidad de Zaragoza. Disponible online: http://catedratelefonica.unizar.es/ECE/2006/Guinaliu_CV.pdf [acceso en 20 de octubre del 2009]

Hogan, B. (2009). "Facebook: The strength of weak ties". Interview with Veronica Sartore. 6 de febrero de 2009. Disponible en: http://podcasts.ox.ac.uk/

Kirk, J. y Miller, M. (1984). *Confiabilidad y validez en la investigación cualitativa.* Sage. Londres.

Lin, Nan. (2001). *Social Capital. A theory of social structure and action.* CUP, EEUU.

Luhmann, N. (1996). *Confianza*. Editorial Anthropos, Barcelona.

Putnam, R. (2000). *Bowling Alone: The Collapse and the Revival of American Community*. Simon & Schuster, New York.

Recuero, R. C. (2006). *Dinâmicas de Redes Sociais no Orkut e Capital Social*. En: UNIrevista, Vol. 1, n. 3: julho.

_____ (2005). *Um estudo do capital social gerado a partir de redes sociais no Orkut e nos weblogs*. Disponible en: http://www.comunica.unisinos.br/tics/textos/2005/2005_rr.pdf [acceso el 27 de septiembre de 2009]

Rheingold, H. (1984). *The Virtual Community*. Disponible en: http://www.rheingold.com/vc/book/intro.html [acceso el 27 de septiembre de 2009]

Stake, R. (1998). *Investigación con estudio de casos*. Morata Editorial, Madrid.

Taylor, S.J. y Bogdam, R (1986). *Introducción a los métodos cualitativos de investigación*. Paidós. Buenos Aires.

Yin, R. (1984). *Case study research: Design and methods* (1st ed.). Sage Publishing, Beverly Hills.

Wellman B., et al. *Computer Networks as Social Networks: Collaborative Work, Telework, and Virtual Community*. Annual Review of Sociology 22 (1996): 213-238.

Autoras

Lucrecia Barreiro es Licenciada en Sociología por la Universidad del Salvador de Buenos Aires, Argentina. Trabaja en estudios de mercado para una multinacional y vive en Buenos Aires. Para contactarla, escriba a lulibarreiro@hotmail.com

Lucimeire Vergilio Leite es Licenciada en Traducción por la Universidad Ibero-Americana de São Paulo, Brasil y en Sociología por la Universidad del Salvador de Buenos Aires, Argentina. Trabaja como escritora y traductora. Actualmente vive en Murcia, España. Para contactarla, escriba a lucyleite@gmail.com

www.ingramcontent.com/pod-product-compliance
Lightning Source LLC
Chambersburg PA
CBHW051057050326
40690CB00006B/757